Jürgen Schwarz

Schleiermachers Lehre von der Kirche in seinen theologischen Schriften

Jürgen Schwarz

Schleiermachers Lehre von der Kirche in seinen theologischen Schriften

Die christliche Sitte. Die philosophische Ethik. Der christliche Glaube.

Fromm Verlag

Impressum/Imprint (nur für Deutschland/ only for Germany)
Bibliografische Information der Deutschen Nationalbibliothek: Die Deutsche Nationalbibliothek verzeichnet diese Publikation in der Deutschen Nationalbibliografie; detaillierte bibliografische Daten sind im Internet über http://dnb.d-nb.de abrufbar.

Coverbild: www.ingimage.com

Contact:
International Book Market Service Ltd., 17 Rue Meldrum, Beau Bassin, 1713-01 Mauritius
Website: www.bookmarketservice.com
Email: info@bookmarketservice.com

Gedruckt in: USA, UK, Deutschland. Dieses Buch wurde nicht in Mauritius produziert.

Imprint (only for USA, GB)
Bibliographic information published by the Deutsche Nationalbibliothek: The Deutsche Nationalbibliothek lists this publication in the Deutsche Nationalbibliografie; detailed bibliographic data are available in the Internet at http://dnb.d-nb.de.

Cover image: www.ingimage.com

Contact:
International Book Market Service Ltd., 17 Rue Meldrum, Beau Bassin, 1713-01 Mauritius
Website: www.bookmarketservice.com
Email: info@bookmarketservice.com

Printed in: U.S.A., U.K., Germany. This book was not produced in Mauritius.

ISBN: 978-3-8416-0260-2

Inhalt

Einleitung: Schleiermachers „Prinzip der Mitte“ 09

A. Formaler Teil

I. Das System der Wissenschaften
1. Die philosophische Ethik und die realen Wissenschaften 13
2. Die christliche Sittenlehre und die Theologie 16
II. Die Grenzen der christlichen Sittenlehre
1. Die christliche Sittenlehre und die Glaubenslehre 17
2. Die christliche Sittenlehre und die philosophische Ethik 19

B. Materialer Teil

I. Die Kirche in philosophischer Sicht
1. Die Grundzüge der philosophischen Ethik
a) Die Darstellung der Wirklichkeit 21
b) Die Güterlehre 23
2. Die Kirche als Gemeinschaft in Beziehung auf die Frömmigkeit 25
3. Kunst und Kultus 27
4. Der allgemeine und der christliche Kirchenbegriff 27
II. Die Kirche in dogmatischer Sicht
1. Die Stellung der Ekklesiologie in der Glaubenslehre
a) Die Aussagen über die Beschaffenheit der Welt 29

b) Das Bewusstsein der Gnade 30
c) Der Einfluss der Christologie 31
2. Der Gegensatz zwischen Kirche und Welt 32
3.Die Lehre von der christlichen Kirche
a) Das Entstehen der Kirche aus der Welt – Von der Erwählung und von der Mitteilung des Heiligen Geistes 34
b) Das Bestehen der Kirche im Zusammenhang mit der Welt – Von den Grundzügen der unsichtbaren und der sichtbaren Kirche 37
c) Die Aufhebung des Gegensatzes zwischen Kirche und Welt 40
III. Die Kirche in ethischer Sicht
1. Die methodischen Grundsätze der christlichen Sittenlehre
a) Die deskriptive Form 41
b) Die Beziehung zur kirchlichen Lehre, zur Heiligen Schrift und zur christlichen Sitte 41
2. Die Gliederung der christlichen Sittenlehre
a) Der Gegensatz zwischen Prinzip und Organ 42
b) Die Handlungsweisen in ihrer Abhängigkeit vom frommen Selbstbewusstsein 43
c) Der Gegensatz zwischen universellem und individuellem bzw. zwischen repräsentativem und korrektivem Handeln 45
3. Die Funktionen der inneren Sphäre
a) Die Beziehung aller Gemeinschaftsformen auf die Kirche 46

b) Das reinigende Handeln – Vom Gegensatz zwischen Fleisch und Geist und vom reformatorischen Handeln 47
c) Das verbreitende Handeln – Von der Mission und der Erziehung und von der christlichen Sitte und der christlichen Sprache 50

d) Das darstellende Handeln – Vom Gottesdienst der Gemeinde und vom werktätigen Gottesdienst 52

C. Systematischer Teil

I. Das Wesen der Kirche
1. Die Einheit der Kirche
a) Das Prinzip des göttlichen Geistes 56
b) Das Organ des göttlichen Geistes 58
2. Das Verhältnis zwischen Kirche und Staat 61
II. Die Erscheinung der Kirche
1. Die Trennungen und Spaltungen in der Kirche 63
2. Das Verhältnis zwischen Protestantismus und Katholizismus 66
III. Schleiermachers Kirchenlehre im Zusammenhang der Theologiegeschichte
1. Die Einflüsse 70
2. Die Auswirkungen 73

Abschluss: Kirche und Kultur 75

Abkürzungsverzeichnis

PhE.	Grundriss der philosophischen Ethik. Hrsg. 1841 von A. Twesten. Neuer Abdruck, besorgt von Fr. M. Schiele. 1911.
ChG.	Der christliche Glaube (2. Aufl. 1830/31). Hrsg. von M. Redeker. 2 Bde. 1960.
ChS.	Die christliche Sitte. Hrsg. von L. Jonas. Sämtliche Werke, I. Abt., Bd. 12. (1843) 2. unveränderte Aufl. 1884.
ChS., Beil.	Beilagen zu ChS. Manuskripte Schleiermachers, die mit eigener Seitenzählung den Anhang zur ChS. bilden.
KD.	Kurze Darstellung des theologischen Studiums (1. Aufl. 1811; 2. Aufl. 1830). Kritische Ausgabe von H. Scholz. 1910.
Reden	Reden über die Religion (1799). Hrsg. von H.-J. Rothert. 1958. (Seitenzahlen der Erstausgabe)

Einleitung: Schleiermachers „Prinzip der Mitte“

„Schleiermachers Name bezeichnet eine Epoche in der Geschichte nicht nur der protestantischen Theologie, sondern auch der Wissenschaft von der Religion und vom sittlichen Leben überhaupt.“[1]

Diese Worte über den „Kirchenvater des 19. Jahrhunderts“[2] sind kaum zu hoch gegriffen. Selbst Karl Barth, der mit seiner Kritik an Schleiermacher gewiss nicht gespart hat, stimmt ihnen zu, wenn er voller Ehrfurcht des großen Mannes gedenkt: „Kein Mensch kann heute sagen, ob wir ihn wirklich schon überwunden haben, oder ob wir nicht bei allem nun allerdings laut und grundsätzlich gewordenen Protest gegen ihn noch immer im Tiefsten Kinder seines Jahrhunderts sind.“[3]

Anfang des 20. Jh.s jedoch meinten viele Theologen, Schleiermacher überwunden zu haben. Ihre betont biblische Theologie, die sich gegen alles Außerkirchliche scharf abgrenzte, gegen Kultur und Philosophie, gegen die eigene Zeit und das wirkliche Leben; die Ablehnung des Begriffes „Religion“ für das Christentum; das Suchen nach objektiven Gehalten (Offenbarung, Wort Gottes, Bibel) und damit die Verurteilung der anthropozentrischen, psychologischen, erlebnishaften Auffassung des Glaubens, - all das widersprach natürlich dem Denken Schleiermachers, dessen „Prinzip der Mitte“[4] gegen derartige Einseitigkeiten und extreme Positionen[5] geschützt war. Gerade in seiner vermittelnden Haltung haben wir ihn noch nicht überwunden und können manches von ihm lernen, auch im Hinblick auf die Behandlung der Kirchenfrage.

---

[1] O. Kirn: Schleiermacher. – In: Realencyklopädie für die protestantische Theologie und Kirche. 3. Aufl. Bd. XVII. 1906. S. 589.
[2] Chr. Lülmann: Schleiermacher, der Kirchenvater des 19. Jahrhunderts. 1907.
[3] K. Barth: Die protestantische Theologie im 19. Jahrhundert. 1947. S. 380.
[4] K. Barth, a.a.O., S. 403ff.
[5] K. Heussi: Kompendium der Kirchengeschichte. 12. Aufl. 1960. S. 523f.

Die Aktualität des Themas Kirche beruht heute darauf, dass sich Gegensätze auftun zwischen Klerikalisierung und Sakralisierung, Selbstverherrlichung und Selbstentäußerung, Tradition und Fortschritt, Kontinuität und Diskontinuität.[6] Sie haben zum Teil ihre Ursache darin, dass die Kirche kein ausschließlich theologisches Thema ist, das allein in der Dogmengeschichte und Dogmatik, der praktischen Theologie und Kanonistik abgehandelt wird. Da die Kirche im Zusammenhang mit der Welt und der Geschichte lebt und darum in ihrer Erscheinungsweise gar nicht so verschieden ist von anderen Formen menschlicher Gemeinschaft, ist sie auch ein Thema der Soziologie und kann darüber hinaus zum Gegenstand philosophischer und ethischer Besinnung werden.

Schleiermacher hat die Spannung, die im Begriff Kirche liegt und die er zu lösen versuchte, deshalb so gut erkannt, weil er selbst mit seinem ganzen Leben an dieser Spannung teilgenommen hat. „Indem Schleiermacher christlicher Theologe sein will, weiß er sich zugleich ... verantwortlich für die intellektuellen und sittlichen Grundlagen der geistigen Welt. [...] Er will unter allen Umständen ... mit ähnlichem Ernst wie christlicher Theologe, so auch moderner Mensch sein.“[7]

Schleiermacher war darin „modern“, dass er ein Leben auf der Grenze zwischen Philosophie und Theologie führte. Es hat keinen Sinn, das bekannte Bild von der Ellipse mit den beiden Brennpunkten[8] zu einem Kreis mit nur einem Mittelpunkt, nämlich dem der Philosophie, pressen zu wollen.[9] Schleiermacher war beides, Philosoph und Theologe, ohne dass das eine das andere aufgehoben hätte. Von seinem Sterbebett sind uns Worte überliefert, die noch einmal die beiden Hauptpunkte seines Denkens vereinen: „Ich bin doch eigentlich in einem Zustande, der zwischen

[6] vgl. W. Trillhaas: Ethik. 1959. S. 438f.
[7] K. Barth, a.a.O., S. 386.
[8] Schleiermachers Brief an Jacobi vom 30. 03. 1818. H. Mulert: Briefe Schleiermachers. 1923. S. 337-340.
[9] K. Barth, a.a.O., S. 415.

Bewußtsein und Bewußtlosigkeit schwankt ... aber in meinem Innern erlebe ich die göttlichsten Momente – ich muß die tiefsten spekulativen Gedanken denken und die sind mir völlig eines mit den innigsten religiösen Empfindungen."[10] Schleiermacher war ein gläubiger Christ, aber er wusste, dass sich der Glaube gegenüber der Welt und gegenüber dem vernünftigen Denken des Christen legitimeren muss, und zwar mit den Mitteln der Vernunft, denn „die Christen haben ... mit den Nichtchristen keine andere gemeinsame Sprache als die der Vernunft"[11].

Es ist das Verdienst Schleiermachers, die Theologie einem kritischen Verfahren unterworfen zu haben. Dieses Verfahren verlangt, die Kirche nicht nur als exklusive Gemeinschaft, sondern auch im Zusammenhang mit den vielfältigen Formen menschlich geschichtlichen Lebens zu sehen. Die Zusammenschau mit anderen Gemeinschaftsformen bedeutet nicht die Nivellierung des Besonderen der Kirche, sondern erst recht die Hervorhebung ihrer Eigenart.

Trotz aller Liebe zum Realen, die in der Berücksichtigung anderer Gemeinschaften neben der Kirche deutlich wird, sehnt sich Schleiermacher nach Einheit. Sein Denken fordert das System. Als die unendliche Aufgabe aller Wissenschaft erscheint ihm die Verwirklichung dieser Idee, wie er es auch gleich zu Beginn seiner „Christlichen Sitte" ausdrückt: „Eine ... allgemeine unbestimmte Vorstellung von der christlichen Sittenlehre kann uns nicht genügen, die wir eine wissenschaftliche Darstellung der Disciplin anstreben, eine solche also, welche alles einzelne, was als Materiale der Lehre vorkommt, auf den allgemeinen Begriff zurükkführt, den wir als die Form des ganzen aufzustellen haben: wir müssen daher alles ... auf einen größeren Zusammenhang zurükkführen."[12]

---

[10] Aus Schleiermachers Leben. In Briefen. Hrsg. Von L. Jonas und W. Dilthey. Bd. II, S. 510f. – Zitiert nach D. Schenkel: Friedrich Schleiermacher. 1868. S. 603.
[11] W. Trillhaas: a.a.O., S. 404.
[12] ChS., S. 1.

Bei allem, was wir über den Kirchenbegriff bei Schleiermacher sagen, haben wir also auf den größeren Zusammenhang zu achten, in den es gestellt ist. Das „Prinzip der Mitte“ vermittelt nicht nur zwischen zwei Extremen, sondern stellt auch ein Thema in den Umkreis der vielen ihm benachbarten Themen. Die ersten Sätze der „Christlichen Sitte“ verlangen, dass die Ethik, deren Thema unter anderem ja die Kirche ist, in ihrer philosophischen und in ihrer christlichen Form an dem Ort aufgesucht wird, den sie im System der Wissenschaft einnimmt. Damit beschäftigt sich der erste formale Teil der Arbeit. Der zweite Teil stellt dann dar, was Schleiermacher in der philosophischen Ethik, der Glaubenslehrer und der christlichen Sittenlehre zum Thema Kirche vorgetragen hat. Der dritte Teil der Arbeit versucht, den Inhalt des Kirchenbegriffes systematisch zu gliedern.

A. Formaler Teil

I. Das System der Wissenschaften

1. Die philosophische Ethik und die realen Wissenschaften

Will eine Einzelwissenschaft in ihrer Darstellung nicht in das Gebiet der Willkür und bloßen Meinung absinken, so muss sie die anderen ihr beigeordneten und entgegengesetzten Wissenschaften ebenso berücksichtigen, wie sie sich mit ihnen zusammen auf ein höheres, zuletzt ein höchstes Wissen beziehen muss. Da das höchste Wissen jedoch nicht als solches in seiner Einheit, sondern immer nur in mehreren Gestalten vorhanden ist, wird es in jeder besonderen Wissenschaft, die ihren Ausgangspunkt beim höchsten Wissen nimmt, notwendig zu verschiedenen Darstellungen kommen. Die vom höchsten Wissen ausgehenden Darstellungen müssen deshalb mit den anderen, die ihren Ausgangspunkt vom Interesse am Gegenstand an und für sich nehmen, in einem kritischen Verfahren zum Ausgleich kommen.[13]

Nach Schleiermacher steht das Wissen in enger Beziehung zum Sein. „Wissen und Sein gibt es für uns nur in Beziehung aufeinander. Das Sein ist das Gewußte, und das Wissen weiß um das Seiende."[14] Das Wissen ist „Ausdruck dieses Seins", und das Sein ist „Darstellung des Wissens".[15]

Höchstes Wissen und Sein unterscheiden sich vom besonderen Wissen und Sein in einem Punkte grundlegend. Während erstere schlechthin einfach sind, bestehen letztere nur in Gegensätzen und durch solche. Das fortgesetzte Mit-in-sich-Begreifen der anderen Seite des Gegensat-

[13] PhE., S. 1-4.
[14] PhE., S. 4, § 23.
[15] PhE., S. 4, § 25.

zes führt schließlich zu einem höchsten Gegensatz, dem des dinglichen und geistigen Seins, dem Gegensatz von Natur und Vernunft. Schleiermacher kann diesen Gegensatz auch noch anders benennen.

<u>Der höchste Gegensatz des Seins</u>

dingliches Sein	-	geistiges Sein
Natur	-	Vernunft
Leib	-	Seele
Gestalt	-	Bewusstsein
Erscheinung	-	Kraft
Dasein	-	Wesen

Es handelt sich bei diesen Gegensätzen wie bei allen anderen nur um ein relatives Überwiegen des einen Gliedes gegenüber dem anderen, was einige Forscher dazu bewog, von einem uneigentlichen Gegensatzdenken zu sprechen. „Wir können Schleiermachers Gegensatzdenken nicht als ein wirklich solches anerkennen, und zwar deshalb nicht, weil nur das Allgemeine, die Einheit, die Identität bei ihm infolge der Grundvoraussetzung wirklich Existenz haben kann. Ausdrücke wie relativ und Überwiegen eignen sich nicht dazu, zwischen den beiden von uns aufgezeigten Motiven in Schleiermachers Denken zu vermitteln: der Identität und der Polarität."[16] Dennoch ist der Gegensatz von dinglichem und geistigem Sein real. Erst bei vollständiger „Durchdringung und Einheit von Natur und Vernunft"[17] wird sich der Gegensatz auflösen.

In Bezug auf den höchsten Gegensatz des Seins gibt es auch nur zwei Hauptwissenschaften, die Wissenschaft der Natur und die Wissenschaft der Vernunft.

---

[16] P. H. Jørgensen: Die Ethik Schleiermachers. 1959. S. 84.

[17] PhE., S. 8, § 48.

Der Gegensatz des Seins macht sich nun im Wissen selbst bemerkbar, indem er nicht nur den Bezugspunkt des Wissens bestimmt, also das, was gewusst werden kann, sondern auch die Art und Weise, wie etwas gewusst werden kann. Auch für diesen Gegensatz hat Schleiermacher mehrere Begriffspaare zur Hand.

Die Formen des Wissens

Vorstellen	-	Denken
beachtendes, erfahrungs-mäßiges Wissen	-	beschauliches Wissen
empirisches Wissen	-	spekulatives Wissen

„Die beiden Hauptwissenschaften zerfallen also in ein Zwiefaches, indem die Natur sowohl als die Vernunft gewußt werden kann auf beschauliche Weise und auf erfahrungsmäßige."[18]
Die Kombination der beiden Gegensätze führt zu dem Viererschema der realen Wissenschaften.

	Natur	Vernunft
beschauliches Wissen	Physik oder Naturwissenschaft	Ethik oder Sittenlehre
erfahrungsgemäßes Wissen	Naturkunde	Geschichtskunde

Alle Glieder bedingen sich gegenseitig und würden bei vollkommener Durchdingung die Weltweisheit verkörpern.[19]

[18] PhE., S. 10, § 58.
[19] PhE., S. 4-10.

2. Die christliche Sittenlehre und die Theologie

Es fällt auf, dass im Wissenschaftssystem, das aus dem Wesen des Wissens selbst deduziert wird, die Theologie nicht vorkommt. Sie ist eine positive Wissenschaft, die ihre Daseinsberechtigung nur durch die Beziehung auf eine praktische Aufgabe hat. „Die christliche Theologie ist ... der Inbegriff derjenigen wissenschaftlichen Kenntnisse und Kunstregeln, ohne deren Besitz und Gebrauch eine zusammenstimmende Leitung der christlichen Kirche, d. h. ein christliches Kirchenregiment, nicht möglich ist."[20] Fällt diese Beziehung fort, dann lösen sich die theologischen Kenntnisse in allgemein philosophische auf.[21]

Innerhalb der Theologie unterscheidet Schleiermacher zwischen der philosophischen, historischen und praktischen Theologie. Die Neuerung gegenüber der damals üblichen Einteilung der Theologie besteht darin, dass Schleiermacher die systematische Theologie als eine eigene Disziplin auflöst und in die historische Theologie eingliedert. Er fasst Glaubens- und Sittenlehre unter dem Oberbegriff Dogmatik zusammen – Dogmatik und Statistik bilden den dritten Abschnitt der historischen Theologie – und bestimmt als ihren Inhalt die „Kenntnis der jetzt in der evangelischen Kirche geltenden Lehre"[22].

Abgesehen von den Problemen, die sich aus der Einordnung der Dogmatik in die historische Theologie ergeben,[23] interessiert uns die Frage nach dem Verhältnis von Glaubens- und Sittenlehre. Die Ausführungen der „Kurzen Darstellung" sind in dieser Hinsicht sehr knapp. Die Trennung in eine theologische und eine praktische Seite des Lehrbegriffs wird als nicht wesentlich angesehen.

---

[20] KD., S. 2, § 5.
[21] KD., S. 3, § 6.
[22] KD., S. 73, § 195.
[23] vgl. dazu H.-J. Birkner: Schleiermachers christliche Sittenlehre. 1964. S. 58ff.

„Denn die christlichen Lebensregeln sind auch theoretische Sätze, als Entwicklungen von dem christlichen Begriff des Guten; und sie sind nicht minder Glaubenssätze, wie die eigentlich dogmatischen, da sie es mit demselben christlichen frommen Selbstbewusstsein zu tun haben, nur so, wie es sich als Antrieb kundgibt.“[24]
Diese Worte stellen die Unterscheidung als etwas Belangloses hin, aber durch den Bezug auf das fromme Selbstbewusstsein wird schon auf eine Trennung hingewiesen, wie sie im Wesen der Sache selbst liegt.

II. Die Grenzen der christlichen Sittenlehre

1. Die christliche Sittenlehre und die Glaubenslehre

Nach den Worten des ersten Abschnittes der „Christlichen Sitte“, die in den weiten Bereich des Schleiermacher‘schen Wissenschaftssystems führten,[25] bleibt Schleiermacher zunächst bei dem Begriff der christlichen Sittenlehre stehen, worin eine doppelte Entgegensetzung liege. Gemeint ist die Abgrenzung einerseits gegenüber der Glaubenslehre, andererseits gegenüber der philosophischen Sittenlehre.[26]
Die Andeutungen der „Kurzen Darstellung“ über den Gegensatz zwischen Glaubens- und Sittenlehre wiesen darauf hin, den Unterschied im frommen Selbstbewusstsein zu suchen.[27] Gerade hier vermutet man ihn am wenigsten, denn wenn die Glaubenslehre über das fromme Selbstbewusstsein sagt, dass es das Gefühl der schlechthinnigen Abhängigkeit sei[28] und dass es als Dauer des Bewegtwordenseins und Bewegtwerdens gänzlich Empfänglichkeit sei und mit Wissen und Tun nicht ver-

[24] KD., S. 86, § 223.
[25] s. o. S. 11f.
[26] ChS., S. 1f.
[27] s. o. S. 16f.
[28] ChG., Bd. I, S. 23, § 4 Leitsatz.

mischt werden dürfe, die das Aus-sich-Heraustreten des Subjekts kennzeichneten,[29] - so könnte es ja scheinen, als müsse diese Bestimmung des Gefühls das völlige In-sich-Bleiben und die Ruhe zur Folge haben. Die Lösung liegt darin, dass die Trennung des frommen Selbstbewusstseins von Wissen und Tun keine absolute ist. Das Gefühl „vermittelt zwischen Momenten, worin das Wissen, und solchen, worin das Tun vorherrscht." Es wird „auch der Frömmigkeit zukommen, Wissen und Tun aufzuregen, und jeder Moment, in welchem überwiegend die Frömmigkeit hervortritt, wird beides oder eines von beiden als Keime in sich schließen."[30] Wissen und Tun gehören der Frömmigkeit an, insofern „das erregte Gefühl ... in einem es fixierenden Denken zur Ruhe kommt, dann in ein es aussprechendes Handeln sich ergießt"[31]. Das gilt auch für die christliche Frömmigkeit, die als „eine der teleologischen Richtung der Frömmigkeit angehörige ... Glaubensweise"[32] das Leiden dem Tun und das Natürliche dem Sittlichen unterordnet.

Mit diesen religionsphilosophischen Ausführungen stimmt überein, was in der „Christlichen Sitte" über das fromme Selbstbewusstsein gesagt wird. „Das ursprüngliche christliche Bewusstsein, der ursprüngliche christliche Glaube, hat zwei Richtungen, eine nach dem Gedanken, eine andere nach der That, deren jede gleich unmittelbar aus ihm hervorgehen kann. Wir dürfen also die Sätze unserer Sittenlehre nicht auf dogmatische Säze zurükkführen, sondern auf das, was auch diesen zum Grunde liegt."[33]

Die Aufgabe der Glaubens- und Sittenlehre wird dann folgendermaßen gefasst: „Die Formel der dogmatischen Aufgabe ist die Frage, Was muß sein, weil die religiöse Form des Selbstbewußtseins, der religiöse Ge-

---

[29] vgl. die zweite der „Reden" mit ihrer scharfen Abgrenzung gegen Metaphysik und Moral.
[30] ChG., Bd. I, S. 19, § 3,4.
[31] ChG., Bd. I, S. 21, § 3,4.
[32] ChG., Bd. I, S. 74, § 11 Leitsatz.
[33] ChS., S. 24 Anm.

müthszustand ist? Die Formel unserer ethischen Aufgabe ist die Frage, Was muß werden aus dem religiösen Selbstbewußtsein und durch dasselbe, weil das religiöse Selbstbewußtsein ist?“[34]

2. Die christliche Sittenlehre und die philosophische Ethik

„Was die … Frage betrifft, die über das Verhältnis zwischen der religiösen Sittenlehre und der philosophischen: so hat sie ihre eigenen nicht geringen Schwierigkeiten.“[35] Ob sie einander gleich oder ungleich sind, man kommt in beiden Fällen in ein Dilemma. Entweder ist die eine Sittenlehre überflüssig, oder beide geraten in einen Streit.

Schleiermacher geht davon aus, dass beide Formen nebeneinander bestehen können, weil es sie einfach gibt. Außerdem existieren innerhalb der philosophischen und der christlichen Sittenlehre wieder eine Menge der verschiedensten Konstruktionen. Das Ende, an dem „in den Resultaten der christlichen und der philosophischen Sittenlehre jeder Widerspruch unmöglich sein wird“,[36] ist noch nicht abzusehen. Beide Formen sind also vorläufig noch erforderlich.

Der Unterschied zwischen beiden ist auch gar nicht so groß, er besteht nur in der Form. Dem Inhalt nach sind beide gleich, und das meint doch wohl, dass für Schleiermacher das Ideal des Christen mit dem Ideal des Menschen zusammenfällt. Diese Erkenntnis ist für die Kirchenlehre von höchster Bedeutung. Man merkt an dieser Stelle, wie die Sachprobleme bereits in die formalen Erörterungen mit einbezogen werden.

Zur genaueren Unterscheidung der beiden Disziplinen muss gesagt werden, dass die philosophische Ethik eine spekulative Wissenschaft ist, die allgemeine Verstehenskategorien für das Leben in seiner breiten Fülle

[34] ChS., S. 23.
[35] ChS., S. 24.
[36] ChS., S. 27.

bereitstellt, während die christliche Sittenlehre eher dazu neigt, eine empirische Wissenschaft zu sein mit praktischer Tendenz, „nämlich zum Behuf der erregenden Mittheilung in der christlichen Kirche das christliche Bewußtsein als thätiges Princip zur Klarheit zu bringen“[37]. Der zuvor angedeutete Unterschied in der Form ist damit hinreichend erklärt. Einschränkend sei hinzugefügt, dass die christliche Lehre zwar historisch ist, dass sie aber deswegen nicht aufhört, systematisch zu sein.[38] Sie hat viele Berührungspunkte mit der philosophischen Ethik, die ebenfalls alles auf eine oberste Idee zurückführen will.

---

[37] ChS., Beil. S. 166.
[38] ChS., S. 9.

B. Materialer Teil

I. Die Kirche in philosophischer Sicht

1. Die Grundzüge der philosophischen Ethik

Gemäß der allgemeinen Wesensbestimmung ist die Ethik „Ausdruck des Handelns der Vernunft“,[39] und zwar ist es „ein Handeln der Vernunft auf die Natur“[40]. Dieses Handeln hat immer schon angefangen, ist aber nie vollendet. In jedem wirklichen Handeln wird ein Minimum der Einheit von Natur und Vernunft vorausgesetzt und auf ein Maximum hingewiesen. Das Maximum des Ineinanderseins von Natur und Vernunft bezeichnet Schleiermacher als „gut“, das Auseinandersein von beiden als „böse“. „Die Ethik ist die Darlegung des Guten und Bösen im Zusammensein beider.“[41]

a) Die Darstellung der Wirklichkeit

Mit dem Begriff der „Darlegung“ sind wir bei einem entscheidenden Punkt der philosophischen Ethik angelangt. Schleiermacher verwirft die imperative Form der Ethik und fordert stattdessen die Entfaltung der in der Vernunft selbst liegenden Wesensgesetze. „Die Sätze der Sittenlehre dürfen ... nicht Gebote sein, weder bedingte noch unbedingte, sondern sofern sie Gesetze sind, müssen sie das wirkliche Handeln der Vernunft auf die Natur ausdrücken.“[42] Die imperative Form lehnt Schleiermacher ab, weil sie das Sittliche als Nichtseiendes hinstelle. So erklärt

[39] PhE., S. 13, § 75.
[40] PhE., S. 14, § 80.
[41] PhE., S. 16, Anm.
[42] PhE., S. 16, § 95.

sich auch die Bevorzugung der Güterlehre gegenüber der Tugend- und Pflichtenlehre. Alle drei umfassen, wie Schleiermacher selbst sagt, das Ganze der Sittenlehre. Doch kommt der Güterlehre der Primat zu, weil sie am stärksten der Weltweisheit zugewandt und die am meisten in sich ruhende und abgeschlossene Betrachtung ist.[43]

Natürlich ist Schleiermachers Güterlehre von denen, die in der Ethik eine normative Wissenschaft sehen, getadelt worden. Es finden sich aber unter den Kritikern auch solche, die das Positive der Schleiermacher'schen Konzeption anerkennen, wie z. B. Carl Stange: „Es ist daher nicht bloß die Einsicht in die wissenschaftliche Unzulänglichkeit aller Versuche, welche auf die praktische Beeinflussung des sittlichen Lebens abzielen, sondern es ist zugleich auch eine Forderung der Bescheidenheit und eine aus der Erkenntnis der Grenzen der Wissenschaft sich ergebende Nötigung, wenn die Aufgabe der ethischen Wissenschaft lediglich darin gesehen wird, daß sie das Sittliche als eine gegebene Größe des geistigen Lebens zu beschreiben und zu untersuchen hat."[44]

Schleiermacher vertraut darauf, dass die Geschichte des Menschen eine vernünftige Geschichte ist. Deshalb glaubt er in seiner Ethik ohne Gesetze im eigentlichen Sinne auskommen zu können. Deshalb nivelliert er den Gegensatz von Gut und Böse. Aber ist die Geschichte wirklich so eindeutig und sinnvoll? Wenn wir auch nicht gleich ins Gegenteil verfallen wollen, in einer gerechten Beurteilung müssen wir auch die dunklen Schatten sehen, die sich über die Geschichte ausbreiten. „Die Geschichte ist das Reich der Zweideutigkeit. Sie ist ein groteskes Nebeneinander von Hohem und Niedrigem, von Erhabenem und Lächerlichem, von Edlem und Gemeinem, von höchstem Idealismus und niedrigster Berechnung, von Wahrheit und Lüge, von Recht und Gewalt. Niemals lässt sich

---

[43] PhE., S. 11-22.

[44] C. Stange: Einleitung in die Ethik. Bd. I. 1900. S. 41.

rein objektiv feststellen, was in ihr den Ausschlag gibt, was hier überwiegt, das Licht oder der Schatten."[45]

b) Die Güterlehre

Innerhalb der Güterlehre unterscheidet Schleiermacher zwischen einem organisierenden (anbildenden) und einem symbolisierenden (bezeichnenden) Handeln der Vernunft. „Organisieren" heißt die Handlungsweise, durch die die Vernunft ihre Herrschaft über das Vernunftlose zeigt und darstellt; „Symbolisieren" heißt die Handlungsweise, durch die wir uns die Bedeutung des Zusammenhanges zwischen uns und den Dingen vergegenwärtigen.

Darüber hinaus macht sich ein zweiter Gegensatz geltend: der Gegensatz von Gleichheit und Verschiedenheit, Identität und Individualität. Die Vernunft ist einmal in allen dieselbe, zum anderen ist sie in jedem einzelnen eine besondere. Deshalb gibt es Handlungen, die den Charakter des Allgemeinen an sich tragen, und wieder andre, die ganz von einem einzelnen geprägt sind.

Die sich kreuzenden Begriffspaare ergeben die vier Grundformen des menschlichen Handelns: identisches Organisieren, identisches Symbolisieren, individuelles Organisieren und individuelles Symbolisieren.[46]

Ohne auf die einzelnen Formen näher einzugehen, zeigt sich schon allein in der Anlage der Güterlehre der formale Charakter der philosophischen Ethik. Ihr Thema sind die allgemeinen Strukturen, Gesetze und Formen des geschichtlichen Lebens. Die Umrisse sind weit gezogen, so dass die Wissenschaften, die das Leben zu ihrem Gegenstande haben und sich in ihren Voraussetzungen auf die philosophische Ethik stützen,

---

[45] W. v. Loewenich: Die Geschichte der Kirche. 1964. S. 10.

[46] PhE., S. 23-27. – vgl. das Schema Nr. 1 im Anhang.

genügend Raum finden, es in seiner ganzen Fülle in diese Grenzen einfließen zu lassen. Kein Gebiet soll zu kurz kommen.
Schon 1803 hat sich Schleiermacher in den „Grundlinien einer Kritik der bisherigen Sittenlehre“ in einem besonderen Abschnitt mit dem befasst, was seiner Meinung nach bisher an Gestaltungen des sittlichen Lebens vernachlässigt worden war. Er nennt die unzureichende Würdigung der Individualität, der Phantasie und der spezifisch weiblichen Sittlichkeit, die mangelhafte Berücksichtigung von Geselligkeit, Liebe und Freundschaft, von Wissenschaft, Staat und Kirche. Das Unzureichende hänge damit zusammen, dass alle Ethik bis zum heutigen Tage vornehmlich unter dem Pflicht- und Tugendbegriff abgehandelt worden sei.
Bei aller Betonung der Individualität, wie sie in den „Grundlinien“ gefordert wird und wie sie durch den Gegensatz von Gleichheit und Verschiedenheit in der philosophischen Ethik berücksichtigt scheint, ist unverkennbar, dass der einzelne in den Hintergrund tritt. „Dem einzelnen Individuum ist bei Schleiermacher nur eine Statistenrolle in dem großen Weltdrama zugeteilt, es ist nur ein kleines Rad in der Maschine, die zum Ziel des Weltprozesses führen soll und die nicht von sich selbst getrieben wird. Es wird kein Platz übrig gelassen, damit der einzelne sich selbst ein Lebensziel setzen könnte, geschweige denn dürfte.“[47] Individualität ist gar nicht auf den einzelnen beschränkt, sie umfasst selbst noch die großen Formen des geschichtlichen Lebens. Der einzelne ist nur dann interessant, wenn er im Gesamtprozess aufgeht oder seine Handlungen zumindest im Bewusstsein seiner Verantwortung gegenüber der Gemeinschaft vollzieht.

---

[47] P. H. Jørgensen, a. a. O., S. 108.

2. Die Kirche als Gemeinschaft in Beziehung auf die Frömmigkeit

In dem von der Güterlehre der philosophischen Ethik aufgestellten Viererschema ist die Kirche die Gemeinschaft des individuellen Symbolisierens. Sie ist nichts anderes als „eine Gemeinschaft in Beziehung auf die Frömmigkeit“[48]. Ihr wesentliches Geschäft ist „das Erhalten, Ordnen und Fördern der Frömmigkeit“[49]. Frömmigkeit aber ist eine Bestimmtheit des Gefühls oder des unmittelbaren Selbstbewusstseins. Aus der Allgemeinheit des Gefühls, wie es in der philosophischen Ethik gekennzeichnet ist als „bestimmter Ausdruck von der Art-zu-Sein der Vernunft in dieser bestimmten Natur“ oder kürzer als „Ausdruck der Vernunft in der Natur“[50], hebt Schleiermacher eine bestimmte Seite hervor, nämlich die Frömmigkeit, deren Wesen das Bewusstsein unserer selbst als im Zustand der schlechthinnigen Abhängigkeit ist.[51]
Das Wesen der Frömmigkeit tritt erst zutage, wenn man sich die drei Stufen des Selbstbewusstseins vergegenwärtigt. Über der tierartig verworrenen Stufe unseres Selbstbewusstseins, die dem Traum vergleichbar ist, erhebt sich das sinnliche Selbstbewusstsein, dessen Kennzeichen eine wechselnde Bestimmtheit ist, ein Sich-selbst-Setzen und ein Sich-selbst-nicht-so-gesetzt-Haben, ein Sein und ein Irgendwiegeworden-Sein, Freiheits- und Abhängigkeitsgefühl. Dieses Abhängigkeitsgefühl ist jedoch noch nicht das von Schleiermacher mit Frömmigkeit bezeichnete. Erst auf der dritten Stufe des Selbstbewusstseins stellt es sich ein, wenn auch die Selbsttätigkeit als von anderwärts her begriffen wird, wenn das Bewusstsein einsieht, dass es sich mit seinem Gegensatz von Subjekt und Objekt nicht selbst setzen kann.

[48] ChG., Bd. I, S. 15, § 3,1.
[49] ChG., Bd. I, S. 16, § 3,1.
[50] PhE., S. 36, § 52.
[51] ChG., Bd. I, S. 23, § 4 Leitsatz.

Das fromme Selbstbewusstsein als absolutes Abhängigkeitsgefühl führt wie jedes wesentliche Element der menschlichen Natur notwendig zur Gemeinschaft infolge des jedem Menschen innewohnenden Gattungsbewusstseins. Jeder strebt danach, „seine Affektionen in die anderen Personen fortzupflanzen und wiederum ihre Affektionen mit darzustellen.“[52] Da die frommen Erregungen in ihrer Stärke unterschiedlich sind, ist auch der Umfang der Gemeinschaft zunächst ungleichmäßig und fließend. Doch ergeben sich innerhalb der fließenden Gemeinschaft allmählich auch festere Verhältnisse. Die Homogenität ist einmal durch räumliche Berührung gegeben – der gleiche Typus fällt ursprünglich unter den Umfang der Horde[53] -, dann auch durch gleiche Sprache und Sitte begünstigt, die in Wechselwirkung stehen mit Unterschieden in der Art des Erkennens[54] und der Temperamente[55]. „Jede solche relativ abgeschlossene fromme Gemeinschaft, welche einen innerhalb bestimmter Grenzen sich immer erneuernden Umlauf des frommen Selbstbewusstseins und eine innerhalb derselben geordnete und gegliederte Fortpflanzung der frommen Erregung bildet, so daß irgendwie zu bestimmter Anerkennung gebracht werden kann, welcher Einzelne dazugehört und welcher nicht, bezeichnen wir durch den Ausdruck Kirche.“[56]

Man sieht, dass in einer solchen Bestimmung die Kirche weder unterschätzt, als habe sie nur die Aufgabe, die Leidenschaften im Keime zu ersticken, noch überschätzt wird, als sei sie die absolute ethische Gemeinschaft.[57] Die Kirche ist nur eine unter anderen Gemeinschaften. Ihr Wesen besteht „in der organischen Vereinigung der unter demselben

---

[52] PhE., S. 157, § 212.
[53] PhE., S. 156, § 205.
[54] PhE., S. 155, § 203.
[55] PhE., S. 155, § 204.
[56] ChG., Bd. I, S. 45, § 6,4.
[57] PhE., S. 156f., § 210f.

Typus stehenden Masse zur subjektiven Tätigkeit der erkennenden Funktion unter dem Gegensatz von Klerus und Laien“[58].

3. Kunst und Kultus

Das fromme Selbstbewusstsein strebt danach, seine innere Bestimmtheit äußerlich zu fixieren. Sein Medium ist die Kunst, die in dem Maße, wie sich die fließende Gemeinschaft zur Kirche gestaltet, die Form eines Kunstsystems annimmt.[59] Dieses Kunstsystem ist unübertragbar und nur dieser bestimmten Religionseinheit eigen.[60] Neben der Form, die bleibende Werke erzeugt, gibt es die, die vergehende Werke erzeugt.[61] Kunstschatz und Kultus streben gemeinsam die Totalität der Gefühlswelt an. In beiden tritt die Individualität der Darstellenden gegenüber dem Gemeinsamen mehr oder weniger zurück: „Im religiösen hohen Stil tritt die Eigentümlichkeit des Darstellenden ganz zurück; er stellt nur dar als Organ und Repräsentant der Kirche.“[62] - „In religiösen Privatdarstellungen, wie sie die Kirche in der Familie repräsentieren, tritt die Eigentümlichkeit etwas mehr hervor.“[63]

4. Der allgemeine und der christliche Kirchenbegriff

Die Bedeutung der philosophischen Ethik für die Glaubenslehre zeigt sich darin, dass Schleiermacher diejenigen Stücke der philosophischen Ethik, die den Kirchenbegriff behandeln, als „Lernsätze“ in seine Glaubenslehre übernimmt.

[58] PhE., S. 156, § 209.
[59] PhE., S. 155, § 200.
[60] PhE., S. 155, § 201.
[61] PhE., S. 157, § 214f.
[62] PhE., S. 158, § 220.
[63] PhE., S. 158, § 221.

Das ist deshalb erforderlich, weil die Dogmatik als theologische Disziplin „lediglich auf die christliche Kirche ihre Beziehung hat“[64]. Dazu stimmt in weiterem Rahmen, dass die Theologie eine „positive Wissenschaft“ ist, „deren Teile zu einem Ganzen nur verbunden sind durch eine gemeinsame Beziehung auf eine bestimmte Glaubensweise ...; die der christlichen also durch die Beziehung auf das Christentum“[65]. Die Begriffe der christlichen Theologie und der christlichen Kirche haben ihren Ort innerhalb eines allgemeinen Begriffes von Theologie und Kirche. Um den einen Mittelpunkt zieht Schleiermacher immer weitere Kreise, bis er den äußersten Umfang erreicht hat, der alle besonderen Gestaltungen, auch die christliche Gestaltung, in sich einschließt.

Was nun insbesondere den Begriff der „christlichen Kirche“ angeht, so weist der Begriff alleine schon darauf hin, dass es noch andere Kirchen gibt. „Es sind ... als von Natur gegeben zu setzen mehrere großen Massen eigentümliche Schematismen des Gefühls.“[66] Nur vom allgemeinen Begriff der Kirche aus kann die Eigentümlichkeit der christlichen Kirche bestimmt und verstanden werden. Da nun der allgemeine Begriff der Kirche aus der Ethik entnommen werden muss, „da auf jeden Fall die Kirche eine Gemeinschaft ist, welche nur durch freie menschliche Handlungen entsteht und nur durch solche fortbestehen kann,[67] stellt Schleiermacher „Lehnsätze aus der Ethik“ an den Anfang seiner Glaubenslehre.

Der „allgemeine“ Einsatz der Glaubenslehre setzt sich fort in Lehnsätzen aus der Religionsphilosophie, die die verschiedenen, auf der gleichen Basis aufbauenden Formen miteinander vergleicht und ihre gegenseitigen Verwandtschaften und Abstufungen feststellt. Schließlich knüpft an den gefundenen Ergebnissen die Apologetik an, „um daraus die Be-

[64] ChG., Bd. I, S. 10, § 2 Leitsatz.
[65] KD., S. 1, § 1.
[66] PhE., S. 155, § 202.
[67] ChG., Bd. I, S. 12, § 2,2.

schreibung von dem eigentümlichen Wesen des Christentums und von seinem Verhältnis zu anderen Kirchen zum Grunde zu legen"[68].

II. Die Kirche in dogmatischer Sicht

1. Die Stellung der Ekklesiologie in der Glaubenslehre

Dreierlei ist für die Ekklesiologie in der Glaubenslehre zu beachten: Die Lehre von der Kirche gehört einmal zum Komplex der Aussagen über die Beschaffenheit der Welt, zum anderen stellt die Ekklesiologie die Entwicklung des Bewusstseins der Gnade nach einer bestimmten Seite hin dar, und schließlich ist sie stark von der Christologie beeinflusst.[69]

a) Die Aussagen über die Beschaffenheit der Welt

Die Glaubenssätze der Dogmatik können dargestellt werden „als Beschreibungen menschlicher Lebenszustände, oder als Begriffe von göttlichen Eigenschaften und Handlungsweisen, oder als Aussagen von Beschaffenheiten der Welt."[70] Die Sätze der ersten Art bilden die Grundform der christlichen Glaubensaussagen, die beiden anderen Arten müssen immer auf Sätze jener Form zurückgeführt werden, wollen sie als eigentümlich christliche ihre Geltung behalten. Sie sind aber dennoch nicht überflüssig. Ohne sie „stünde ein solches Werk isoliert ohne alle geschichtliche Haltung, es fehlte ihm ... der eigentliche kirchliche Charakter."[71] Aussagen über die Welt sind also erforderlich, um den Inhalt des frommen Selbstbewusstseins zur Geschichte hin zu vermitteln. Die

---

[68] ChG., Bd. I, S. 13, § 2,2.
[69] vgl. das Schema Nr. 3 im Anhang.
[70] ChG., Bd. I, S. 163, § 30 Leitsatz.
[71] ChG., Bd. I, S. 165, § 30,3.

Lehre von der Kirche ist ein bedeutender Abschnitt innerhalb des Gesamtkomplexes geschichtlicher Aussagen.

b) Das Bewusstsein der Gnade

Die Aussagen über die Beschaffenheit der Welt, aber auch die über die menschlichen Lebenszustände und die göttlichen Eigenschaften, treten in zwei Formen auf, die ihren Ursprung in der Spaltung des sinnlichen Selbstbewusstseins haben. Dieses nämlich „zerfällt seiner Natur nach ... in den Gegensatz des Angenehmen und Unangenehmen oder der Lust und Unlust",[72] je nachdem ob das Gottesbewusstsein, das durch die Einheit des Momentes immer Anteil am sinnlichen Selbstbewusstsein hat, durch die sinnlichen Eindrücke gefördert oder gehemmt wird. Der Christ nun sieht die Gebundenheit des Gottesbewusstseins als seine eigene Tat, als Sünde, an, während er die Freiheit des Gottesbewusstseins der erlösenden Wirkung Christi, der Gnade, zuschreibt.

Dieser Gegensatz bestimmt den ganzen Aufbau der Glaubenslehre, in der einmal von diesem Gegensatz abgesehen wird, zum anderen die Tatsachen des frommen Selbstbewusstseins entwickelt werden, wie sie durch den Gegensatz bestimmt sind. Die Lehre von der Kirche hat ihren Grund in der göttlichen Gnade, die sich dem Menschen in der Erlösung durch Christus mitteilt.

---

[72] ChG., Bd. I, S. 37, § 5,4.

c) Der Einfluss der Christologie

Die Verbindung der Ekklesiologie mit der Christologie[73] ist nicht überraschend. Sie liegt in der Konsequenz der Bestimmung des Christentums als einer monotheistisch teleologischen Glaubensweise, die sich von anderen Glaubensweisen dadurch unterscheidet, „daß alles in derselben bezogen wir auf die durch Jesum von Nazareth vollbrachte Erlösung"[74]. Schleiermacher unterscheidet am Werk Christi die erlösende und die versöhnende Tätigkeit. Die erlösende Tätigkeit besteht in der Aufnahme der Gläubigen in die „Kräftigkeit seines Gottesbewußtseins",[75] die versöhnende Tätigkeit in der Aufnahme der Gläubigen in die Gemeinschaft seiner „ungetrübten Seligkeit"[76]. Erstere bricht die Macht der Sünde als des herrschenden Prinzips im Menschen, letztere bestimmt die Übel als Ansporn zum Guten. Beide Tätigkeiten werden wirksam, sobald der Mensch unter dem Eindruck der unsündlichen Vollkommenheit Christi ein Mitglied des von Christus gestifteten Gesamtlebens geworden ist.

Das neue Leben drückt sich in der einzelnen Seele als Wiedergeburt und Heiligung aus. Die Wiedergeburt meint einerseits die Rechtfertigung als das veränderte Verhältnis des Menschen zu Gott, andererseits die Bekehrung als die veränderte Lebensform. Dieser Gliederung entspricht die der gesamten christlichen Lehre eigene Unterscheidung von Vorstellungen und Tätigkeiten, Betrachtungs- und Handlungsweisen, Lehre und Sitte. Rechtfertigung und Bekehrung konstituieren das eigentümliche Bewusstsein des in die Lebensgemeinschaft Christi Aufgenommenen,

---

[73] vgl. H.-J. Birkner, a.a.O., S. 76ff. und F. Flückiger: Philosophie und Theologie bei Schleiermacher. 1947. – Insbesondere das 4. Kap.: „Christus und die Kirche".
[74] ChG., Bd. I, S. 74, § 11 Leitsatz.
[75] ChG., Bd. II, S. 90, § 100 Leitsatz.
[76] ChG., Bd. II, S. 97, § 101 Leitsatz.

„woraus sich ein seiner Vollkommenheit und Seligkeit verwandtes Leben bildet, welches der Stand der Heiligung heißt“[77].

2. Der Gegensatz zwischen Kirche und Welt

Die Aufnahme der Gläubigen in die Lebensgemeinschaft mit Christus ist der alles beherrschende Gedanke der Versöhnungslehre. Christus ist durch seien Tat zur unerschöpflichen Quelle des Lebens der Wiedergeborenen geworden. So erweitert sich die Versöhnungslehre über die Lehre von der Wiedergeburt und Heiligung, die das Versöhnungsgeschehen an der einzelnen Seele spiegeln, zur Ekklesiologie, zur Lehre „von der Beschaffenheit der Welt bezüglich auf die Erlösung“[78].
Der ursprüngliche Gegensatz zwischen Christus und den Sündern erscheint in der Ekklesiologie als der Gegensatz zwischen der Kirche, die das neue Gesamtleben darstellt, und der Welt, die im Zustand der Sündhaftigkeit verharren will. Die am Einzelnen sich vollziehende Wiedergeburt und Heiligung erscheint im großen geschichtlichen Rahmen als ein Prozess, der von der Welt über das Reich Gottes fortschreitet zur inneren wahren, geheiligten Kirche. Ursprünglich war die geheiligte Kirche nur in Christus. Dann kamen einige der auf die Erfüllung ihrer messianischen Hoffnung Wartenden zum Glauben an Christus, und es entstanden ein innerer Kreis aller im Stande der Heiligung Lebenden und ein äußerer Kreis aller derjenigen, auf die von den Ersteren vorbereitende Gnadenwirkungen ausgingen und noch heute ausgehen.
Ob es in der Schleiermacher‘schen Konzeption noch einen dritten Kreis gibt, der zwar unter denselben Bedingungen wie der äußere Kreis steht. Aber den Bemühungen der Gläubigen stärkeren Widerstand entgegen-

[77] ChG., Bd. II, S. 182, § 110 Leitsatz.
[78] Überschrift zum 2. Abschnitt des 2. Bandes der ChG.

setzt, weil er nicht zum Bewusstsein der Erlösungsbedürftigkeit kommt, ist nicht eindeutig. Vielleicht genügt es schon, wenn man die Ansicht über den äußeren Kreis ein wenig differenziert.

Wir sagten, dass sich mit dem Erscheinen Christi der Gegensatz zur Welt auftut. Aber dieser Gegensatz ist kein absoluter. Die Grenze zwischen Kirche und Welt lässt sich nicht scharf ziehen. Man muss sich das an einem Bild verdeutlichen.

Man stelle sich drei konzentrische Kreise vor. Den inneren Kreis (1) bilden Christus und die wahre Kirche. Der den ersten umgebende Kreis (2) stellt die Kirche im Zusammenhang mit der Welt dar, und der letzte äußere Kreis (3) ist die alles umfassende Welt.

Christus steht im Mittelpunkt der von ihm ausgehenden Kraftwirkungen. Je näher man dem Mittelpunkt ist, desto stärker sind sie; nach außen nehmen sie beständig ab, hören aber niemals ganz auf. Der Einfluss der Welt verläuft dazu im entgegengesetzten Sinne; außen ist er am stärksten, innen am schwächsten.

Die Wiedergeburt ist zwar ein Grenzpunkt zwischen äußerer (2 und 3) und innerer (1) Sphäre, aber sie ist keine plötzliche Verwandlung. Die Wiedergeburt steht unter dem Gegensatz von „auch schon" und „noch immer". Der Wiedergeborene hat auch schon „Wohlgefallen am göttlichen Willen", aber noch immer „bleibt doch in allem einzelnen ... eine dem Geist widerstrebende Tätigkeit des Fleisches zurück"[79].

Derselbe Gegensatz macht sich bei der Betrachtung der äußeren Sphäre geltend. Diese ist von außen gesehen noch immer Welt (3), aber von innen gesehen gehört sie auch schon zur Gemeinschaft der unter der geschichtlichen Wirkung Christi Stehenden (2), rückt also schon in den Gesichtskreis der wahren Kirche.

---

[79] ChG., Bd. II, S. 385, § 148,1.

Schleiermacher ist der festen Überzeugung, dass die wahre Kirche wachsen und die ihr entgegenstehende Welt abnehmen werde. Der Organismus werde die anorganische Masse überwinden.

3. Die Lehre von der christlichen Kirche

Die Aussagen unseres christlichen Selbstbewusstseins über die Kirche behandeln drei Komplexe: das Entstehen, das Bestehen und die Vollendung der Kirche.
Diese drei Hauptstücke verhalten sich nicht in gleicher Weise zu unserem christlichen Selbstbewusstsein. Das „Bestehen der Kirche“ bildet den eigentlichen Kern der Aussage. Die beiden äußeren Stücke sind „mehr anhangsweiss“[80] zu behandeln, selbst wenn Schleiermacher aus Gründen der geschichtlichen Ordnung umstellt und zunächst vom Entstehen der Kirche spricht.

a) Das Entstehen der Kirche aus der Welt – Von der Erwählung und von der Mitteilung des Heiligen Geistes

Das Entstehen der Kirche – übrigens eine feine sprachliche Nuance gegenüber dem Begriff „Entstehung“, der ein geschichtliches Faktum meinen würde – verdeutlicht Schleiermacher an den beiden Lehren von der Erwählung und von der Mitteilung des Heiligen Geistes. Der erste Begriff hat es mit dem zu tun, „was bei dem Entstehen der Kirche ... die Sache der göttlichen Weltregierung ist“, der andere Begriff mit dem, „was in den Einzelnen der Grund ist von der Stetigkeit ihres Zusammenwirkens und

[80] ChG., Bd. II, S. 215, § 114,2.

Aufeinanderwirkens“[81]. Noch einmal spiegelt sich darin der Gegensatz von äußerem und innerem Kreis.

In der Erwählung zeigt sich ein Vorzug der Einen gegenüber den Anderen, ohne dass der dazu vorhandene Grund den Menschen einsichtig würde. Dennoch verwirft Gott niemanden, es bliebe sonst ein unauflöslicher Missklang, sich einen Teil des menschlichen Geschlechts von der Gemeinschaft ausgeschlossen zu denken.[82] Er hat uns vielmehr alle zur Seligkeit in Christus bestimmt. An den Außenstehenden hat sich die Vorherbestimmung nur noch nicht erfüllt. Die Entwicklung der Menschheit zum Reiche Gottes hin lässt sich nicht aufhalten. Das widerspräche sowohl der Natur- als auch der Heilsordnung.

Das neue Gesamtleben vereinigt die in der Heiligung Lebenden „im gemeinsamen Mit- und gegenseitigen Aufeinanderwirken“, beides um „immer mehr eines zu werden“[83]. Der Antrieb zu diesem Handeln ist der Geist des neuen Lebens, der im Blick auf die Welt als „Gemeingeist“, im Blick auf das Leben in Christo als „Heiliger Geist“ bezeichnet wird.[84] Die Vermittlung zur Welt hin geht so weit, dass Schleiermacher den Heiligen Geist mit dem Gattungsbewusstsein identifizieren kann. Die Vermittlung des Heiligen Geistes sei nichts anderes „als das durch Christus bewirkte Erwachen des reinen Gattungsbewußtseins“[85]. Damit wird die Einzigartigkeit Christi auf ein menschliches Maß reduziert. „Das Erscheinen Christi – und die durch dieses eingeleitete Erlösung der Menschheit – bedeutet bloß die Realisierung einer Möglichkeit, welche in der gesamten menschlichen Natur von Anfang an als Anlage gesetzt war. Die Besonderheit der Person Christi besteht nur darin, daß diese Realisierung

[81] ChG., Bd. II, S. 217, § 116,1.
[82] ChG., Bd. II, S. 223, § 118 Leitsatz.
[83] ChG., Bd. II, S. 248, § 121 Leitsatz.
[84] ChG., Bd. II, S. 251ff., § 121,2.
[85] ChG., Bd. II, S. 253, § 121,3.

in ihr erstmals und zugleich auf vollkommene Weise erfolgt. Nicht das Werk Christi, sondern seine Natur ist entscheidend für die Erlösung.“[86]
Nach Bonhoeffer beruht die Gleichsetzung von Heiligem Geist und Gattungsbewusstsein bei Schleiermacher auf der nicht möglichen Identifikation von frommer Gemeinschaft und Kirche. „Die Einheit der ersteren ist eine psychologische, die der Kirche überpsychologisch, gott-gestiftet, objektiv. Hätte Schl. diesen grundlegenden Unterschied erkannt, so wäre er nie darauf gekommen, hl. Geist und Gattungsbewußtsein gleichzusetzen. Jener besteht prinzipiell nur in der Kirche. Dieser gehört zu jeder Gemeinschaft überhaupt; zwar ist von außen gesehen die Kirche religiöse Gemeinschaft, das aber ist gerade eine untheologische Betrachtungsweise.“[87]
Es ist zu fragen, ob man den Unterschied zwischen theologischer und untheologischer Betrachtungsweise so scharf ziehen darf, wie es Bonhoeffer tut. Angesichts des modernen Wahrheitsbewusstseins dürfen wir nicht in einen Objektivismus verfallen, der an der Geschichte und an der Natur vorbeigeht. „Das Christianum und das Humanum können schlechterdings im neuzeitlichen Wahrheitsbewußtsein nicht mehr getrennt werden. Erst ein dem Menschlichen geöffnetes Wahrheitsbewußtsein ist wahrhaft christlich, und erst ein dem Christlichen geöffnetes Wahrheitsbewußtsein ist wahrhaft menschlich.“[88]Natürlich darf die Verbindung von Christianum und Humanum nicht dazu führen, dass der in der Theologie nicht zu vermeidende Begriff einer wie immer gearteten Autorität geleugnet wird. Aber das hat auch Schleiermacher nicht getan. Er hat an der Übernatürlichkeit des Geistes festgehalten, wenn er sagt, dass erst die Kräftigung des Gottesbewusstseins Christi das Gattungsbewusstsein in der Kirche verwirklichen konnte. Ohne Christus gäbe es kein neues Ge-

---

[86] F. Flückiger, a. a. O., S. 170.
[87] D. Bonhoeffer: Sanctorum Communio. 1954. S. 143.
[88] W. Trillhaas: Dogmatik. 1962. S. 67.

samtleben, kein kirchliches Leben. Die Kirche ist für den einzelnen die einzige Möglichkeit, am göttlichen Leben teilzuhaben, weil Christus niemals auf den einzelnen direkt einwirkt, sondern immer nur durch das Medium der Gemeinschaft. Eine Kirche von Individualisten ist unmöglich. „Alles in ihr" ist „gemeinsame Tat ... und gemeinsames Werk, mithin auch gemeinsames Verdienst und gemeinsame Schuld."[89]

b) Das Bestehen der Kirche im Zusammenhang mit der Welt – Von den Grundzügen der unsichtbaren und der sichtbaren Kirche

Die christliche Kirche ist durch den Heiligen Geist entstanden, sie erneuert sich durch ihn, und sie wird beständig durch ihn erhalten. Die stete Wirksamkeit des Heiligen Geistes beschreiben heißt von den Grundzügen der Kirche handeln. Die Grundzüge erscheinen aber nie in ihrer Reinheit. Die Kirche ist eine geschichtliche Größe, deshalb greift die Welt in ihr Gebiet ein: Das zeigt sich an den Sünden der Wiedergeborenen, an allem Irrigen und Verkehrten, das sich in das religiöse Bewusstsein einschleicht, am steten Wechsel von Ergriffensein und Widerstreben. Es ist „eine ebensosehr zum Separatismus als zur gesetzlichen Gerechtigkeit hinneigende Ansicht" zu meinen, „die Kirche könne ebensogut erkannt werden an ihrem Verschiedensein von der Welt, als die Welt an ihrem Verschiedensein von der Kirche."[90] Das Sich-selbst-Gleiche der Kirche muss im Zusammenhang mit dem Geschichtlichen gesehen werden, wenn man nicht in bloße Spekulation verfallen will, Und im Geschichtlichen muss das Sich-selbst-Gleiche gesehen werden, wenn die Geschichte nicht als das „verderbliche Spiel der Verblendung und der

[89] ChG., Bd. II, S. 273, § 125,2.
[90] ChG., Bd. II, S. 274, § 126,1.

Leidenschaft“[91] erscheinen soll. Will man also von dem Bestehen der Kirche in ihrem Zusammenhang mit der Welt sprechen, so zeichnen sich zwei Teile ab:

1. Das Unveränderliche der christlichen Kirche, durch dessen Dasein die Entwicklung auch wirklich zur wahren Kirche führt;
2. das Veränderliche, die Erscheinungsform, die das Unveränderliche in sich birgt, das erst nach Beendigung des hemmenden Gegensatzes in Erscheinung treten kann.

Die unveränderlichen Grundzüge kommen der Kirche trotz ihres Zusammenseins mit der Welt zu,

1. weil das Zeugnis von Christus (Heilige Schrift und Dienst am göttlichen Wort) immer dasselbe ist;
2. weil die Anknüpfung und Erhaltung der Lebensgemeinschaft mit Christus auf seinen Anordnungen (Taufe und Abendmahl) beruht;
3. weil der gegenseitige Einfluss des Ganzen auf den einzelnen und der einzelnen auf das Ganze (Amt der Schlüssel und Gebet im Namen Jesu) im Blick auf Christus geschieht.

Alles, was wesentlich zur Tätigkeit Christi gehört, findet in diesen Stücken sein Abbild und seine Fortsetzung.[92] Die Auswahl der sich gleichbleibenden Grundzüge zeigt, wie Schleiermacher über alle Lehr- und Verfassungsfragen hinaus zur Praxis drängt, zum spezifisch religiösen Leben. So ist zum Beispiel der Dienst am göttlichen Wort nicht nur Lehramt, sondern auch Diakonat, Betätigung des Heiligen Geistes in der persönlichen Bruderliebe.[93]

Die Kirche in ihrer Erscheinungsform ist nicht von der Welt zu trennen. Überall, wo „sichtbar“ Kirche ist, da ist auch Welt. Nur wenn man die Wirkungen des Heiligen Geistes isoliert, hat man die wahre, reine, aber

---

[91] ChG., Bd. II, S. 277, § 126,2.
[92] vgl. das Schema Nr. 4 im Anhang.
[93] ChG., Bd. II, S. 313, § 134,1.

stets „unsichtbare" Kirche. „Die unsichtbare Kirche ist also die Gesamtheit aller Wirkungen des Geistes in ihrem Zusammenhang; dieselben aber in ihrem Zusammenhang mit den in keinem einzelnen von dem göttlichen Geist ergriffenen Leben fehlenden Nachwirkungen aus dem Gesamtleben der allgemeinen Sündhaftigkeit konstituieren die sichtbare Kirche."[94] Schleiermacher wendet sich gegen die gewöhnliche Auffassungsweise, die unter der unsichtbaren Kirche die Gesamtheit der Wiedergeborenen und wirklich Geheiligten fasst, unter der sichtbaren Kirche außer diesen auch noch alle, die sich äußerlich zur Kirche bekennen. „Was … dem gewöhnlichen Sprachgebrauch gemäß die unsichtbare Kirche heißt, davon ist das meiste nicht unsichtbar, und was die sichtbare, davon ist das meiste nicht Kirche."[95] Bestimmt man den Gegensatz näher, so wird man der unsichtbaren Kirche Einheit und Untrüglichkeit zusprechen, während die sichtbare Kirche immer der Teilung und dem Irrtum unterworfen ist.

Die sichtbare Kirche ist wegen des ungleichmäßigen Zusammenhangs ihrer Glieder geteilt. Überall sind die Keime der Spaltung verbreitet. Die Trennung ist jedoch nicht absolut. Solange noch irgendein Element identisch ist, ist sie nur eine vorübergehende. Deshalb ist die Gemeinschaft mit den Ketzern nie ganz aufzuheben, auch die gänzliche Aufhebung der Gemeinschaft zwischen den verschiedenen sichtbaren Kirchen ist unchristlich. „So werden wir wohl für die äußere Gemeinschaft keine andere Grenze bestimmen können, als daß wir mit keiner Gesellschaft gänzlich brechen dürfen, welche fortfährt, an christliche Überlieferungen anzuknüpfen, und welche ihrerseits den Willen festhält, zur christlichen Kirche zu gehören."[96] Jeder sehe die besondere Form des Christentums, der er angehört, als eine vergängliche an, aber als eine Gestaltung der

[94] ChG., Bd. II, S. 385, § 148,1.
[95] ChG., Bd. II, S. 386, § 148,2.
[96] ChG., Bd. II, S. 395, § 151,2.

einen unvergänglichen Kirche. Nur durch die besondere Gemeinschaft stehe er in Verbindung mit der ganzen Kirche. Was den Irrtum betrifft, so ist keine Darstellung der christlichen Frömmigkeit vollkommen wahr, da alle Darstellungen nicht aus dem Heiligen Geist an sich entspringen, sondern immer aus dem durch die Einflüsse der Welt modifizierten Geist. Die kirchliche Lehre ist nie unverbesserlich, da auch die Auslegung der Heiligen Schrift nie abgeschlossen ist.

c) Die Aufhebung des Gegensatzes zwischen Kirche und Welt

Die Kirche kann hier auf Erden nicht zur Vollendung kommen. Die Vorstellung eines solchen Zustandes hat nur den Wert eines Ideals. Es handelt sich dabei nicht nur um die Vollendung des Ganzen, sondern zugleich um die des einzelnen, also um die Frage der Unsterblichkeit.
Schleiermacher vertritt den Glauben an die Unsterblichkeit. Käme der menschlichen Natur nicht die persönliche Unsterblichkeit zu, wäre auch die Vereinigung des göttlichen Wesens mit der menschlichen Natur in der Person des Erlösers nicht möglich gewesen.[97]
Dagegen sind alle Aussagen über die Wiederkunft Christi, die Auferstehung, das Gericht und die Seligkeit nur bildliche Ausdrücke. Über diese Themen gibt das fromme Selbstbewusstsein nichts her.

[97] ChG., Bd. II, S. 410ff., § 158,1.

III. Die Kirche in ethischer Sicht

1. Die methodischen Grundsätze der christlichen Sittenlehre

a) Die deskriptive Form

„Unter christlicher Sittenlehre versteht man eine geordnete Zusammenfassung der Regeln, nach denen ein Mitglied der christlichen Kirche sein Leben gestalten soll.“[98] Dieser Satz könnte vermuten lassen, als handle es sich bei der christlichen Sittenlehre um eine Pflichtethik. Das ist aber nicht der Fall. „Das Wort Regel bezeichnet nicht nur das, wonach etwas geschehen soll, sondern auch das, wonach etwas geschieht, und nur in diesem lezteren Sinne haben wir das Wort genommen, also gleichbedeutend mit Beschreibung.“[99]

In der Betonung ihres deskriptiven Charakters stimmt die christliche Sittenlehre mit der philosophischen Ethik überein,[100] nur dass die christliche Sittenlehre das christlich fromme Selbstbewusstsein zum Ausgangspunkt nimmt. Sie stellt es dar, wie es Impuls wird und in Handlungen übergeht.

b) Die Beziehung zur kirchlichen Lehre, zur Heiligen Schrift und zur christlichen Sitte

In der Ausführung seiner methodischen Grundsätze beginnt Schleiermacher jeden größeren Abschnitt der Sittenlehre mit einem allgemeinen Überblick über die zu behandelnde Eigenart des christlich frommen Selbstbewusstseins und der daraus entstehenden Handlungsweisen. Die

---

98 ChS., S. 1.
99 ChS., S. 33.
100 S. o., S. 22f.

gegebene kirchliche Lehre, auf die die Glaubenslehre immer wieder zurückgreift, lässt er in der Sittenlehre stark in den Hintergrund treten, während er das Neue Testament häufiger heranzieht, wobei er jedoch immer darauf bedacht ist, das bloß Lokale und Temporäre von dem Allgemeingültigen zu trennen. Bei Themen, zu denen die Heilige Schrift nichts aussagt, beruft sich Schleiermacher auf die christliche Sitte. „Die Hauptquelle für die christliche Sittenlehre ist die lebendige Sitte da."[101]

Die christliche Sitte ist wie alles Geschichtliche wandelbar, aber sie ist doch auf dem Wege zur Vollkommenheit. Schleiermacher geht von einer Wirklichkeit aus, deren Sittlichkeit er als gegeben erkannt. Die Sittenlehre hat die gegebene, wirklich vorhandene Sittlichkeit als Grundlage anzuerkennen. Das heißt im Schleiermacher'schen Sinne nicht, die Wirklichkeit als solche zu rechtfertigen. Es gibt in ihr auch Irrtum und Sünde. „Der Theorie aber kann nur obliegen, diesen Geist [den Geist Gottes, den christlichen Geist, der immer ein Geist der Wahrheit ist und der Liebe] und in ihm die vollständige Besinnung über den Zusammenhang aller Lebensverhältnisse zur Anschauung zu bringen."[102]

2. Die Gliederung der christlichen Sittenlehre

a) Der Gegensatz zwischen Prinzip und Organ

Schleiermacher strebt danach, alles Einzelne im Zusammenhang zu sehen.[103] „Sein Denken ist geleitet von der Leidenschaft zum System ... Das Einzelne, für sich betrachtet, genügt ihm nicht; es muß im Ganzen stehen und an dem Einen, das er bald ‚oberstes Prinzip', bald ‚transzen-

[101] ChS., Beil. S. 11, § 32.
[102] ChS., S. 706.
[103] s. o. S. 11f.

denten Grund‘, bald ‚höchstes Wissen und Sein‘ oder auch einfach das ‚Absolute‘ nennt, hängen.“[104]

Der Gegensatz, der zu Beginn der Sittenlehre aufgestellt wird zwischen dem „Ganzen“ und dem „Einzelnen“, dem „allgemeinen Begriff“ und dem „Material der Lehre“, wird in der weiteren Ausführung der Sittenlehre durch einen anderen Gegensatz überboten, nämlich den von Prinzip und Organ, bei dem sich nicht mehr beide Seiten schroff gegenüberstehen, sondern jeweils die eine die andere Seite mit umgreift.

Prinzip ist nicht ein absolut Für-sich-Seiendes, sondern das, woraus etwas hervorgeht und sich entfaltet. In einem Prinzip zeigen sich uns Grund und Ursache, durch die das unzugängliche Sein in Bewegung kommt. Wir sehen, wodurch die Gestaltungen ermöglicht werden und worin der Ablauf des Weltgeschehens seinen innersten Grund hat.

Organ dagegen meint die Vielfalt in der Einheit. Wie es schon in der philosophischen Ethik heißt: „Das reinste Bild des höchsten Seins in Beziehung auf diese Verschiedenheit ist der Organismus“[105]; so bezeichnet Schleiermacher als das Prinzip seiner Darstellung eine solche, „welche das mannigfaltige nicht als Aggregat betrachtet, sondern es auf seine Einheit zurükkführt und in seinem Zusammenhange darstellt“[106].

b) Die Handlungsweisen in ihrer Abhängigkeit vom frommen Selbstbewusstsein

Die gegliederte Mannigfaltigkeit der christlichen Sittenlehre wird an den Modifikationen des frommen Selbstbewusstseins entfaltet. Die Modifikationen sind in der Sittenlehre dieselben wie in der Glaubenslehre. Die Seligkeit als ein Zustand, „in welchem uns nichts mangelt in unserem ei-

[104] Fr. Schleiermacher. Pädagogische Schriften. 1957. Bd. I, S. XIII.
[105] PhE., S. 9, § 53.
[106] ChS., S. 9.

genen Bewusstsein, und in welchem wir auch wirklich absolut vollkommen sind“[107], ist bei den Christen nicht als seiend zu denken, sondern als werdend. Die Unvollkommenheit des Christen ist dadurch bedingt, dass das Gottesbewusstsein Anteil am sinnlichen Bewusstsein hat und sich nur schwer mit ihm einigt. Kann die Einigung relativ leicht herbeigeführt werden, wird das Selbstbewusstsein als Lust bestimmt; stellen sich der Einigung große Hindernisse in den Weg, wird das Selbstbewusstsein als Unlust bestimmt.

Aus diesen beiden Normen leitet sich einerseits das reinigende oder wiederherstellende Handeln ab, das „die verlezte Idee des Verhältnisses zwischen der höheren und der niederen Lebenspotenz“[108] wiederherstellen soll, andererseits das verbreitende oder erweiternde Handeln, „dessen Tendenz ist, diese mögliche Verbindung [zwischen Natur und höherer Kraft] in eine wirkliche zu verwandeln“[109].

Um das ganze Gebiet des Handelns zu erfassen, muss noch eine dritte Form des Handelns hinzugefügt werden. Wenn zwischen die Momente der Lust und Unlust solche der Befriedigung eintreten, entsteht ein Handeln, „welches sich wesentlich und unmittelbar auf gar keinen Theil des Lebens bezieht und auch gar nicht dazu bestimmt ist, eine Veränderung in irgend einer Art hervorzubringen“[110]. Schleiermacher nennt es „darstellendes Handeln“. Es ist „reiner Ausdrukk“ und hat keinen anderen Zweck, „als das eigene Dasein für andere annehmbar zu machen“[111].

---

[107] ChS., S. 36.
[108] ChS., S. 44.
[109] ChS., Beil. S. 19, § 55.
[110] ChS., S. 48.
[111] ChS., S. 50.

c) Der Gegensatz zwischen universellem und individuellem bzw. zwischen repräsentativem und korrektivem Handeln

Neben der Gliederung in reinigendes und verbreitendes Handeln, die, zum „wirksamen Handeln“ zusammengefasst, dem darstellenden Handeln gegenübergestellt werden, ist der Aufbau der Sittenlehre noch durch zwei weitere Unterscheidungen bestimmt.

Da ist einmal der bereits aus der philosophischen Ethik bekannte Gegensatz zwischen Universellem und Individuellem,[112] der darin begründet ist, „daß der Mensch überhaupt, und zwar so, daß sich dies auch über den eigenthümlichen Zustand des Christen erstrekkt, einerseits ein Exemplar seiner Gattung ist, andererseits ein eigenthümlich bestimmtes und eigenthümlich sich selbst bestimmendes Wesen, ein Individuum“[113]. Der Gegensatz zwischen Universellem und Individuellem ist kein absoluter. „Beides, das universelle und das individuelle, ist immer nur eins an dem andern.“[114]

Nicht sehr scharf davon zu trennen ist der Unterschied zwischen repräsentativem und korrektivem Handeln. Es bezeichnet nur die Art und Weise, wie sich das Verhältnis des Universellen zum Individuellen gestaltet. Im repräsentativen Handeln „ist die Regel in dem ganzen und der einzelne von dem ganzen beherrscht“[115]. Im korrektiven Handeln muss der Einzelne „in relativem Gegensaze gegen das ganze stehen; es muß in ihm entwikkelt sein, was im ganzen noch nicht ist“[116]. Das repräsentative Handeln ist ein vom Individuellen beherrschtes Handeln.

Bei beiden Gegensatzpaaren spielt der Zeitfaktor eine wichtige Rolle. Universelles und individuelles Handeln sind darin begründet, dass alle

[112] s. o. S. 24.
[113] ChS., S. 58.
[114] ChS., S. 67.
[115] ChS., S. 70.
[116] ChS., S. 70.

Handlungen „überwiegend Fortsetzungen, oder überwiegend Anfänge“[117] sind. Der Gegensatz von repräsentativ und korrektiv bezieht sich darauf, dass einmal alles so bleibt, wie es ist, zum anderen alles in Bewegung gerät und sich fortentwickelt.

Ein anderer Gliederungspunkt, der nicht in der allgemeinen Einleitung der „Christlichen Sitte“ erwähnt wird, aber doch den Aufbau der Sittenlehre weitgehend bestimmt, ist die Gegenüberstellung von innerer und äußerer Sphäre, ein Gegensatz, den wir schon in der Glaubenslehre gefunden hatten[118] und der auch jetzt den Aufbau aller drei Teile der christlichen Sittenlehre bestimmt.[119] Solange die Kirche im Gegensatz zur Welt steht, bildet sie den inneren Kreis des Lebens, während die Welt dem äußeren Kreis angehört. Damit ist zugleich eine Rangordnung gegeben. Der Zweig des Handelns, „in welchem das bürgerliche Element mitconstituirend ist“, hat gegenüber dem, „in welchem die christliche Gesinnung das rein constitutive ist“[120], durchaus sekundären Charakter. Die äußere Sphäre hat nur Geltung, weil es die innere gibt.

3. Die Funktion der inneren Sphäre

a) Die Beziehung aller Gemeinschafsformen auf die Kirche

Alle drei aus dem christlich frommen Selbstbewusstsein entspringenden Handlungsweisen sind auf die Gemeinschaft bezogen, auf die Kirche. Auch die analogen Handlungsweisen der äußeren Sphäre und die Bereiche, in denen sie sich vollziehen, werden nicht nach in der Natur der Sache liegenden Grundsätzen dargestellt, sondern aus dem Blickwinkel der

---

[117] ChS., S. 57.
[118] s. o. S. 33ff.
[119] vgl. das Schema Nr. 2 im Anhang.
[120] ChS., S. 100.

Kirche. Staat, freie Geselligkeit und Gemeinschaft des Wissens, die in der philosophischen Ethik eigene Bereiche bilden, werden unter den Oberbegriff der äußeren Sphäre subsumiert. Ihre Anordnung im Schema der drei Handlungsweisen wird vom Kirchenbegriff aus entworfen.

Der Staat wird am eingehendsten beim reinigenden Handeln berücksichtigt, weil Strafgerichtsbarkeit in Analogie zu Kirchenzucht und Kirchenverbesserung stehen.

Die Wissenschaft wird beim verbreitenden Handeln erwähnt, weil sie Grundlage für die Verbreitung der Kirche ist.

Die freie Geselligkeit wird beim darstellenden Handeln eingeordnet, weil bei ihm am stärksten zum Ausdruck kommt, dass die Kirche auf dem freien Darstellungsbedürfnis der Individuen beruht.

Eine besondere Stellung nimmt die Familie ein, die sowohl der inneren als auch der äußeren Sphäre angehört. Die Familien bilden die Grundlage der Kirche. „Da ... die Kirche ... eine ganz freie Gesellschaft ist, in der es keine äußere Nötigung gibt ...: so könnte die Kirche nicht bestehen, wenn die Familien nicht in Übereinstimmung mit ihren Prinzipien wären und die Harmonie mit der Kirche wollten und erstrebten.“[121]

b) Das reinigende Handeln – Vom Gegensatz zwischen Fleisch und Geist und vom reformatorischen Handeln

„So ist also das reinigende Handeln das erste, das als eigentliches Continuum in dem neuen Leben sich darstellt.“[122] Reinigung ist immer dann erforderlich, wenn die niederen Kräfte zum Gehorsam gegen die höheren zurückgeführt werden sollen. Im reinigenden Handeln ist die Kirche bemüht, die Herrschaft des Geistes herbeizuführen, wie sie sich in Chris-

[121] Fr. Schleiermacher. Pädagogische Schriften. 1957. Bd. I, S. 116.
[122] ChS., S. 84.

tus vollkommen offenbart hat. Die Kirche als Ganzes ist es, die hier zunächst wirkt. Der Einzelne muss sich erst von dieser Totalität ergreifen lassen, ehe er daran denken kann, seinen Beitrag zur Entwicklung des Ganzen zu leisten. „Erst, wenn ein gewisser habitus, eine Fertigkeit, die dem Principe des neuen Lebens entspricht, da ist, kann eine selbstthätige Theilnahme sowol an dem darstellenden, als an dem wirksamen Handeln erfolgen.“[123] Das repräsentative Handeln der Kirche ist grundsätzlich dem korrektiven Handeln des Einzelnen vorgeordnet. Der Einzelne soll immer in der Gesamtheit aufgehen. Nur wenn er „in der Idee und im Namen derjenigen Repräsentation handelt, die zwar noch nicht da ist, aber die er bewirkt“[124], handelt er sittlich.

Vorerst aber sind die beiden Hauptformen des reinigenden Handelns noch relativ entgegengesetzt. Die Form, die den Einzelnen zum Gegenstand hat, nennt Schleiermacher „Kirchenzucht“, die Form aber, die auf das Ganze wirkt, „Kirchenverbesserung“.

Die Einteilung des Abschnittes über die Kirchenzucht ergibt sich aus der Unterscheidung von Fleisch und Geist. Einmal geschieht das reinigende Handeln in der Absicht, das Fleisch dem Geist wieder gefügig zu machen, zum andern in der Absicht, durch Stärkung des Geistes diesem die Macht über das Fleisch gewinnen zu helfen.

Was die Methode betrifft, auf das Fleisch zu wirken, „so muß das eigenthümliche kirchliche Leben solche Verhältnisse in sich tragen, durch welche die Einseitigkeiten des Berufs ergänzt und die nachtheiligen Wirkungen derselben aufgehoben werden können“[125]. Die Einseitigkeiten liegen darin, dass der Beruf nicht genug Anstrengungen bietet. Der Christ soll nun durch die „Gymnastik auf dem Gebiete der erst mit dem Christen-

[123] ChS., S. 84.
[124] ChS., S. 132.
[125] ChS., S. 156.

thume gegebenen brüderlichen Liebe“[126] „in das rechte Maaß der Anstrengungen und Entbehrungen zurükkversezt“[127] werden.

Was die Stärkung des Geistes betrifft, so muss dieser im Einzelleben „gestärkt werden durch die Mittheilung aus dem Geiste des ganzen“[128]. Das geschieht hauptsächlich im Gottesdienst und in der Predigt, die in erster Linie darstellenden Charakter haben, aber auch verbreitende und reinigende Wirkung ausüben, indem sie „jede Ermahnung enthalten, deren der einzelne bedürfen kann, und an allen Punkten die Kraft haben, das Gewissen zu schärfen“[129]. Im Gesang und in liturgischen Gebeten empfängt der Geist im einzelnen Individuum neue Impulse.

Und schließlich ist auf die Beichte hinzuweisen, die dem Einzelnen einen starken Eindruck vom Gemeinschaftsgefühl gibt.

Das korrektive Handeln, das Handeln des Einzelnen auf das Ganze, auch „reformatorisches“ Handeln genannt, ist nur dann „sittlich“, „sofern es in das reinigende Handeln des ganzen enden, also ein solches hervorrufen will“[130]. Es verläuft in einem Dreierschritt. Zuerst reinigt sich der Einzelne selbst nach der Idee des Ganzen, dann überträgt er diese Tätigkeit auf andere, und schließlich veranlasst er die Gemeinschaft zur Selbstreformation. Die Bewegung geht also vom Ganzen aus und kehrt wieder zu ihm zurück. Sollte sich eine Spaltung ergeben, so ist sie nur dann sittlich, wenn sie einem individuellen Prinzip genügt.

c) Das verbreitende Handeln – Von der Mission und von der christlichen Sitte und der christlichen Sprache

[126] ChS., S. 172.
[127] ChS., S. 156.
[128] ChS., Beil. S. 109.
[129] ChS., S. 171.
[130] ChS., S. 183.

Mit diesem Abschnitt nähern wir uns dem Wesen des Schleiermacher'schen Kirchenbegriffs. Wir sind auf dem Wege zur reinen Offenbarung des göttlichen Geistes im darstellenden Handeln.

Das verbreitende Handeln stellt die positive Seite des wirksamen Handelns dar, entsprungen aus dem Gefühl der Lust. Das Fleisch, dessen hemmende Wirkung durch das reinigende Handeln beseitigt wurde, erscheint nun als Organ des Geistes, als Grundlage eines Wachstumsprozesses, der in Christus seinen Anfang genommen hat. Das verbreitende Handeln ist nur eine Fortsetzung seiner Tätigkeit. Was in Christus keimhaft angelegt war, das soll nun wachsen und sich über die ganze Menschheit ausbreiten. Ausgehend von einem Individuum soll am Ende die universale Vollendung der Kirche stehen. Die Vollendung der Gemeinschaft ist aber nur Ziel, selbst wenn sie in gewissem Sinne auch Voraussetzung des verbreitenden Handelns ist, denn der Mensch lebt nur in der Gemeinschaft, und menschliches Handeln ist nur an ihr möglich. Die vorgegebene menschliche Gemeinschaft ist die Grundlage für die vollendete Gemeinschaft, die Kirche, in der das Pneuma über den Nous herrschen wird, während sich in der menschlichen Gemeinschaft der Nous allenfalls so weit erheben kann, dass er die Natur beherrscht. Die fortschreitende Beherrschung des Nous durch das Pneuma nennt Schleiermacher Gesinnungsbildung, wobei er eine extensive und eine intensive Richtung unterscheidet. „Die erste bewirkt, daß immer mehr Menschen Christen werden, die andere, daß in allen, welche zur Gemeinschaft der christlichen Gesinnung schon gehören, die Gewalt des christlichen Geistes immer vollständiger wird."[131]

Der extensive Prozess hat die Aufgabe, die christliche Gesinnung überall da zu verbreiten, wo sie noch nicht ist. Dies geschieht in zwei Formen. Die eine nähert sich dem Naturgesetz der Wahlanziehung, das dem Mis-

---

[131] ChS., S. 373.

sionswesen zugrunde liegt, die andere dem der Kontinuität, auf das sich das Erziehungswesen gründet.
Die Mission in Form der Verkündigung des Evangeliums durch eigens dazu berufene Missionare beurteilt Schleiermacher skeptisch. Woher soll der Einzelne wissen, wohin er sich zu wenden hat? Alle seine Bemühungen würden mehr oder weniger willkürlich sein. Wenn schon Mission sein soll, dann nur im Anschluss an „periodisch wiederkehrende und ... auf einer Naturbasis beruhende Bewegungen“[132], d. h. im Anschluss an den allgemeinen Weltverkehr. Die Mission hat deshalb hauptsächlich von den „Grenzkirchen“ auszugehen und von den Kirchen derjenigen Staaten, die Kolonien besitzen.
Im uneigentlichen Sinne kann auch die Mission zum Erziehungswesen gerechnet werden, während die Erziehung im eigentlichen Sinne „die Zeitfolge der Geschlechter“[133] berücksichtigt. In diesem Fall ist die Erziehung zugleich ein intensiver Prozess, da alles, was nicht mehr als absoluter Anfang der christlichen Erziehung zu werten ist, dem intensiven Prozess anheimfällt.[134] Dieser hat die Aufgabe, alle diejenigen, in denen das Wirken des Geistes einmal seinen Anfang genommen hat, „auf den Punkt der religiösen Mündigkeit zu bringen“[135] und womöglich so weit zu fördern, dass sie selbst aktiv den Steigerungsprozess unterstützen können. Wenn die Kirche in dieser Art handelt, wirkt sie als Schule, die aber nicht auf die Kinder beschränkt ist, sondern sich an alle Glieder richtet. Die Schule pflanzt die christliche Gesinnung fort, und zwar nach der Seite des Willens und des Verstandes. Im Handeln kann wieder mehr das Ganze oder der Einzelne dominieren.

---

[132] ChS., S. 382.
[133] ChS., S. 379.
[134] ChS., S. 387.
[135] ChS., S. 388.

Die Art des Handelns des Ganzen auf den Willen des Einzelnen ist die kirchliche Sitte. „Die Kirche als Schule zur Erhöhung der Willensthätigkeit ist nichts anderes, als eine Institution einer gemeinsam sich gleich bleibenden Sitte.“[136] Der Einzelne dagegen wird im verbreitenden Prozess tätig, indem er den andern mit gutem Beispiel vorangeht, worin sich wieder der Einfluss der christlichen Sitte spiegelt.

Dieser Einfluss macht sich auch in der Denk- und Sprechweise desjenigen bemerkbar, der vom christlichen Prinzip ergriffen ist. Mit der Wendung von der Praxis zur Theorie erscheint die Kirche als eine „Institution zu gleichmäßiger Erhaltung der eigenthümlichen Sprache, in welche jeder seine Denkweise hineinbilden muss, welche aber auch selbst der Vervollkommnung fähig ist, so lange die Kirche noch im Werden begriffen ist“[137].

Beide Seiten, die mehr praktische und die mehr theoretische, gehen nebeneinander her, und jeder Christ als Glied des Ganzen hat seinen Beruf in beiden zugleich.

d) Das darstellende Handeln – Vom Gottesdienst der Gemeinde und vom werktätigen Gottesdienst

Der Zweck des darstellenden Handelns ist die Bezeugung der durch das reinigende und verbreitende Handeln herbeigeführten Herrschaft des Geistes über die sinnliche Natur des Menschen. Das Motiv ist die relative Seligkeit. Mit dem darstellenden Handeln wird weder am sittlichen Zustand des Subjekts noch an der Beschaffenheit des Objekts irgendetwas geändert. Das darstellende Handeln ist nur das Äußerlichwerden eines Innerlichen im Hinblick auf die Gemeinschaftsbildung. Allein auf dem

[136] ChS., S. 390.
[137] ChS., S. 393f.

darstellenden Handeln will Schleiermacher die Kirche begründen. Alles Darstellen ist „die beständige Realisation des menschlichen Wesens“.[138] In dieser Realisation hat die Gemeinschaft ihren eigentümlichen Ort. Wenn sich jeder darüber klar ist, dass alle anderen ebenso gut Werkzeuge des göttlichen Geistes sein können wie er selbst, dann führt die brüderliche Liebe notwendig zum darstellenden Handeln und zur Kontinuität der Gemeinschaft.

Alles darstellende Handeln soll wesentlich Gottesdienst sein. „Gottesdienst ist ... der Inbegriff aller Handlungen, durch welche wir uns als Organe Gottes vermöge des göttlichen Geistes darstellen.“[139] Die Darstellung des Bewusstseins von der Herrschaft des göttlichen Geistes bleibt nicht auf die religiöse Versammlung beschränkt. Das ist nur der „Gottesdienst im engeren Sinne“. Er ist zwar das zentrale Ereignis, aber da er nur eine Unterbrechung im wirksamen Handeln darstellt, muss er durch den Gottesdienst im weiteren Sinne ergänzt werden, der sich über das tätige Leben im Alltag ausbreiten soll.

Bei dem Gottesdienst im engeren Sinne geht es um die ethische Begründung der praktischen Seite am Gottesdienst. Schleiermacher unterscheidet zwischen der Frage nach der Materie und nach der Form des Gottesdienstes. Die Materie, die Mittel der Darstellung, nimmt der christliche Gottesdienst aus dem Naturbildungsprozess. Die Verwendung dieser Mittel erfolgt nicht wahllos, sondern es wird unterschieden zwischen bildenden und redenden Künsten, welch letztere neben der Musik das vornehmste Darstellungsmittel des christliche Geistes sind. In der Form wird der Gottesdienst immer auf den Unterschied von Gebenden und Empfangenden zurückgreifen müsse, obwohl Gleichheit natürlich das angestrebte Ziel ist. Kein Christ darf sich ausschließlich zu den einen

---

[138] ChS., S. 517.
[139] ChS., S. 525f.

oder den anderen halten. Der Prediger hat ebenso empfänglich zu sein für die Darstellungen anderer, wie die Gemeindeglieder darstellend tätig sein können. Nur in der Wechselwirkung kann der göttliche Geist als der Gemeingeist des neuen Lebens erkannt werden Keiner vermag für sich alleine den Geist in seinem ganzen Umfang darzustellen. Der Gottesdienst eines einzelnen ist ein sinnloses Unternehmen, denn der Gottesdienst ist immer an die Gemeinschaft gebunden. Darstellendes Handeln und Gemeinschaft sind gleich ursprünglich.

Der sonntägliche Gottesdienst muss im Werktag des Christen seine Fortsetzung finden. Das ganze Leben soll sich zum Gottesdienst gestalten. In allen Tätigkeiten soll der Christ erkennen lassen, dass der göttliche Geist in ihm wirksam ist. Je mehr der Geist das wirkliche Leben bestimmt, desto eher ist es möglich, dass dieses tätige Leben zum eigentlichen Gottesdienst wird.

Der Unterschied zur gottesdienstlichen Feier besteht darin, dass der alltägliche Gottesdienst durch äußere Einflüsse hervorgerufen wird, die im Allgemeinen Gefühle der Lust und Unlust erwecken, die der Christ aber durch die Bewährung seiner Tugenden überwindet. Keuschheit und Demut überwinden die Lust, Geduld und Langmut die Unlust. „Es wird nun keiner großen Erörterung bedürfen, daß wenn wir diese vier Begriffe in ihrem gehörigen Umfange fassen, wir alles beisammen haben, was zum Gottesdienste im weiteren Sinne gehört."[140] Die Einteilung ergibt sich einmal aus dem Gegensatz von Lust und Unlust, zum anderen daraus, ob im Einzelnen das persönliche Bewusstsein oder das Gemeingefühl überwiegt.

[140] ChS., S. 616f.

	Überwiegen des persönlichen Bewusstseins	Überwiegen des Gemeingefühls
Überwindung der Lust	Keuschheit	Demut
Überwindung der Unlust	Geduld	Langmut

Trotz einer gewissen Willkür in der Wahl der Tugenden behauptet Schleiermacher, dass sie das ganze christliche Leben umfassen. Er fühlt sich zu dieser Aussage berechtigt, da die Einteilungsprinzipien dieselben sind wie an anderen Stellen der „Christlichen Sitte“. Hinzu kommt noch, dass nur in der Einheit der vier Tugenden das sittliche Leben liegt. Die einzelne Tugend kann gegen eine andere ausgetauscht werden, ohne dass die Einheit im Zusammenhang gefährdet würde.

C. Systematischer Teil

I. Das Wesen der Kirche

1. Die Einheit der Kirche

Ein „wesentlicher Glaubensartikel aller Christen“[141] ist die Einheit der christlichen Kirche. Sie wird selbst durch die Trennung zwischen der evangelischen und der katholischen Kirche nicht aufgehoben, weil alle Spaltungen der Einheit untergeordnet bleiben.[142] Die Einheit ist die Voraussetzung der drei Handlungsweisen, und sie ist das immer wieder anzustrebende Ziel.

Das reinigende Handeln findet an der Einheit seine Grenze. Es ist nur sittlich, „sofern es keine Spaltung beabsichtigt“[143]. Das verbreitende Handeln kann so gefasst werden, dass solche Elemente, die noch nicht zur Kirche gehören, zu ihr hinzugefügt werden sollen. Auch in dieser Bestimmung wird die Kirche als Eines betrachtet. Und das darstellende Handeln ist vornehmlich eine Funktion der Einheit, der absoluten Gemeinschaft aller Christen.

a) Das Prinzip des göttlichen Geistes

Ohne ein Prinzip, ohne eine Idee – gleich zu Beginn der „Christlichen Sitte“ spricht Schleiermacher von der „Idee der christlichen Kirche“[144] -, ohne eine letzte Ursache wäre eine Einheit unmöglich. Die Tatsache, dass sich die Einheit von einem Prinzip und nicht von der Person Christi her-

[141] ChS., S. 570.
[142] ChS., S. 137f.
[143] ChS., S. 137.
[144] ChS., S. 4.

leitet, war schon für die Zeitgenossen Schleiermachers ein Gegenstand der Kritik. „Man fand in S.s Thesen mehr die Grundlagen für ein Erlösungs- und Christusprinzip, weniger solche für eine Person, an die wie an Gott zu glauben wäre; und ein Prinzip ruht nicht bloß auf zwei Schultern."[145] Nicht Christus ist das Lebensprinzip der Kirche, sondern das Pneuma. Wie das göttliche Prinzip in Christus erschienen ist, so erscheint es auch in der Kirche, wenn auch nicht in so vollkommener Weise. In Ihm war die sinnliche Natur vollkommen beherrscht von der göttlichen Natur, während die Kirche durch alle Formen des Handelns erst auf dem Wege zur Vollendung ist. Die Vollendung ist aber gewiss, und so tritt die Kirche gleichberechtigt neben Christus, weil beide in gleichem Verhältnis zum Geist stehen.[146]

Während die Glaubenslehre das Gemeinschaftsleben noch stärker von seinem Ursprung abhängig sieht, von Christus als der individuellen Erscheinung des Geistes in der Menschheit, wendet die christliche Sittenlehre diesen Gedanken so, dass der in Christus offenbar gewordene Geist in den universalen Zusammenhang der Weltgeschichte gestellt wird und die Kirche, ganz abgesehen von ihrem Ursprung, als Trägerin des Geistes in der Zeit erscheint.[147] Nicht Christus schafft beständig die Gemeinde, sondern der Geist befähigt infolge seiner Identität in allen Gläubigen diese zur Gemeinschaft untereinander, und er wird auch den Entwicklungsprozess, der in Christus seinen Anfang genommen hat, zu einem Ende führen, das nur die vollkommene Gemeinschaft aller Gläubigen sein kann. „Die absolute Gemeinschaft aller Christen zugeben ist nichts anderes, als die ethische Seite des Dogmas von der Einheit der

---

[145] R. Hermann: Schleiermacher. – In: Die Religion in Geschichte und Gegenwart. 3. Aufl. Bd. V. 1961. Sp. 1430f.

[146] vgl. ChG., Bd. II, S. 219f.

[147] vgl. D. Schenkel, a. a. O., S. 586f.

Kirche."[148] Die Einheit der Kirche wird aber nur geglaubt. Die Auffassung der protestantischen Kirche hebt sich deutlich ab von der der katholischen Kirche, die infolge ihrer einheitlichen Organisation nie darauf kommen würde, dass zwischen geglaubter Einheit und tatsächlicher Organisation eine Lücke klaffen könnte.[149] Von außen gesehen ist die Einheit der Kirche nur möglich als die Totalität der verschiedenen Teilkirchen.

b) Das Organ des göttlichen Geistes

Wie die Seele am Leib in Erscheinung tritt, so strebt auch der Geist nach Gestaltung und Manifestation im Irdischen. Deshalb kann Schleiermacher sagen, dass die Kirche im darstellenden Handeln ihren wesentlichen Ort habe, denn in der Darstellung wird die Herrschaft des Geistes sichtbar. Der Heilige Geist schafft Gemeinschaft, und insofern auch in Christus der Geist tätig war, kann Schleiermacher Christus als den Stifter des neuen Gesamtlebens bezeichnen. So geht die Christologie in die Ekklesiologie über. Die Kirche ist die Erscheinungsform des Geistes schlechthin. Der Geist gibt seine Unzulänglichkeit auf und tritt durch die Erscheinungsform der Kirche in die irdisch geschichtliche Zeit ein. Die Kirche ist das „Reich Gottes auf Erden"[150] oder, wie man auch sagen kann, sie ist der Organismus des Geistes in der Existenzform der geschichtlichen Zeit.
Welch weiter Weg führte Schleiermacher bis zu dieser Erkenntnis, wenn wir damit etwa die „Reden" vom Jahre 1799 vergleichen. In diesen will er eigentlich gar keine Kirche. „Und so wird auch in der Tat die Kirche den Menschen umso gleichgültiger je mehr sie zunehmen in der Religion,

---

148 ChS., S. 574.
149 ChS., Beil. S. 178.
150 ChS., S. 12f. und S. 14.

und die Frömmsten sondern sich stolz und kalt von ihr aus.“[151] Was ihm vorschwebt, ist eine völlig fließende und konturlose Vereinigung von Mystikern und Physikern, Theisten und Pantheisten. „Jede einzelne Vereinigung ist nur ein fließender integrierender Teil des Ganzen, in unbestimmten Umrissen sich in dasselbe verlierend.“[152] Die Versammlung der wahrhaft Religiösen kennt kein Kirchenrecht und keine Verfassung, keine Liturgie und keine Agende, kein Symbol und kein Dogma, keinen Unterschied zwischen Priestern und Laien. Alles organisiert sich auf natürliche Weise. Die Volkskirche, die es daneben gibt, hat mit der wahren, triumphierenden Kirche nichts zu tun. Jene ist nur ein „pädagogisches Hilfsinstitut“[153]. Wenn die wahre Kirche ... nur denjenigen offen stehen wird welche schon im Besitz der Religion sind, so muß es doch irgendein Bindungsmittel geben zwischen ihnen und denen welche sie noch suchen, und das soll doch diese Anstalt sein.“[154]

Schleiermacher hat im Laufe der Zeit seine Ansichten revidiert und die Kluft zwischen „wahrer“ und „tatsächlicher“ Kirche immer mehr verringert, wenn er sie auch niemals ganz aufheben konnte. Zu dieser Annäherung gehört auch die Feststellung der „Christlichen Sitte“, dass Organisation zum „vollkommenen Zustand der Gemeinde“[155] gehöre und sich notwendig aus dem Begriff des Organismus ergebe. Kirche im vollgültigen Sinne unterscheidet sich ja von fließender und unbegrenzter Gemeinschaft dadurch, dass sie „relativ abgeschlossen“ ist und sich „innerhalb bestimmter Grenzen“ bewegt, dass sie ihre Tätigkeiten „ordnet und gliedert“[156].

---

[151] Reden, S. 197.
[152] Reden, S. 187.
[153] E. Troeltsch: Schleiermacher und die Kirche. – In: Schleiermacher, der Philosoph des Glaubens. 1910. S. 22.
[154] Reden, S. 200.
[155] ChS., S. 160.
[156] ChG., Bd. I, S. 45, § 6,4.

Schleiermacher kommt aber über die Feststellung nicht hinaus. Er hat keine äußere Ordnung der Kirche entwickelt, die noch selbst unter dem Anspruch seiner Theologie stände. Die Kirche hängt ihrer äußeren Existenz nach ganz von der bürgerlichen Gesetzgebung ab, „so daß sie alles, was ihre äußere Existenz betrifft, nur nach den Gesezen des Staates, innerhalb dessen sie sich bewegt, einrichten kann“[157]. Das heißt nicht, dass Schleiermacher in Verfassungsfragen die Kirche restlos an den Staat ausgeliefert hätte. Gerade bei ihm stieß der Plan Friedrich Wilhelms III., eine einheitliche Agende in der preußischen Landeskirche durchzusetzen, auf heftigen Widerstand. In seiner 1824 unter dem Pseudonym „Pacificus Sincerus“ herausgegebenen Schrift „Über das liturgische Recht evangelischer Landesfürsten. Ein theologisches Bedenken“ betont Schleiermacher, dass das liturgische Recht nach protestantischem Verständnis wesensmäßig der Gemeinde zukomme. Das landesherrliche Liturgische Recht sei nur als ein von der Gemeinde abgeleitetes denkbar. Wenn er dagegen in der „Christlichen Sitte“ alle Organisationsfragen, sobald sie konkrete Formen annehmen wollen, an den Staat abtritt, so erklärt sich das daraus, dass er einen christlichen Staat voraussetzt.

So führt die Reihe Prinzip – Organismus – Organisation nur scheinbar zu einer bestimmteren Ausformung des Geistes im Leben. Die Seite am Organismus-Begriff, die ein irdisches Sein ausdrückt, bleibt, wenn auch nicht ungenannt, so doch unbetont. Der Begriff Organismus bezeichnet in der „Christlichen Sitte“ mehr eine Funktion, nämlich die wechselseitige Bezogenheit der Glieder auf den Geist. Der Geist ist der Einheitspunkt, die Verschiedenheit ist der Einheit untergeordnet. Die Kirche ist mehr „Reich <u>Gottes</u> auf Erden“, als dass sie „Reich Gottes auf <u>Erden</u>“ ist.[158]

[157] ChS. S. 569.
[158] H. Samson, a. a. O., S. 61.

2. Das Verhältnis zwischen Kirche und Staat

Wie bereits erwähnt, unterscheidet Schleiermacher zwischen der inneren Sphäre, der Kirche, und der äußeren, der Welt. Die Unterscheidung ist keine absolute Trennung. Die Sphäre der Welt, d.h. der Umkreis von Staat und Gesellschaft, ist der Bereich, „in welchem das bürgerliche Element mitconstituirend ist"[159]. Das heißt doch, dass die äußere Sphäre in gewissem Sinne von demselben Prinzip mitbestimmt ist wie die innere.

Sowohl die Kirche als auch der Staat sind Geistorganismen. Die Kirche ist Organismus des Pneuma, der Staat Organismus des Nous. Der Nous ist das Zentrum des natürlichen Menschen. Aufgabe des Nous ist die zunehmende Beherrschung der Natur. Nicht die Begierden der Sinnlichkeit und die Zufälle der Naturgewalten sollen herrschen, sondern die menschliche Vernunft.

Die Verteilung von Nous und Pneuma auf Staat und Kirche besagt jedoch nicht viel, denn im Grunde genommen sind beide Geistformen gar nicht so weit voneinander entfernt. Es „stellt sich heraus, dass, was wir Geist nennen im allgemeinen menschlichen Sinne und was Pneuma im christlichen etwas wesentlich zusammen gehöriges ist."[160] Beide sind ursprünglich identisch, treten aber jetzt auseinander, so dass Pneuma „nur eine höhere Entwicklung ist von dem, was wir Vernunft nennen"[161]. Im göttlichen Wesen sind beide nicht getrennt, „weil wir ja Gott selbst die Vernunft nennen"[162].

Der Nous ist selbst Pneuma, aber der an die Materie gebundene Geist. Von Gott aus gesehen sind beide identisch, vom Menschen aus gesehen

[159] ChS., S. 100.
[160] ChS., S. 313.
[161] ChS., S. 313.
[162] ChS., S. 314.

ist der Nous das Organ, das ihn mit Gott verbindet. Wird auf die beiden Arten des Geistes das Verhältnis von Prinzip und Organ angewendet, so kann der Nous selbst zum Organ werden, wie das Sinnliche auch Organ der Vernunft ist. „Aber nicht unmittelbar kann er [der göttliche Geist] sich verbinden mit dem psychischen Organismus, sondern nur mit dessen Principe, mit der Vernunft, und nur indem er sich diese aneignet, kann er auch auf jenen wirken, wodurch die Vernunft in ihrer Differenz vom göttlichen Geiste aufhört Princip zu sein und nur zum Centralorgane wird.“[163] Nach der Bestimmung des Verhältnisses von Nous und Pneuma ist auch klar, welche Aufgabe dem Staat im Entwicklungsprozess der Kirche zukommt. Indem er der Vernunft zur Herrschaft über die Sinnlichkeit verhilft, indem er die Talente bildet, ermöglicht er der Kirche die Gesinnungsbildung. Der Staat ist zwar früher entstanden als die Kirche, denn sie fand ihn überall vor. Auch ist aus dem Gemeingeist der bürgerlichen Gesellschaft der Geist der Kirche hervorgegangen. Aber seitdem es das Christentum gibt, liegt der Sinn der bürgerlichen Gemeinschaft im Leben der Kirche. Alle Linien des Staates sind auf den Fluchtpunkt Kirche ausgerichtet.

Dennoch muss dem Staat eine gewisse Eigengesetzlichkeit zugestanden werden. Die Kirche kann ihn nicht reglementieren, sie kann ihm allenfalls Grenzen setzen. „Das Reich Gottes und die gemeinsame Vervollkommnung in demselben ist dem Staate nur Grenze, und man kann nur sagen, dass seine Gesezgebung nichts im Reiche Gottes hinderliches enthalten dürfe.“[164] Die Kirche wirkt auf den gesamten Menschheitsprozess ein, sie darf ihn aber nicht zerstören. Umgekehrt gilt ebenso, dass sich der Staat nicht in Dinge der Kirche einmischen darf. „Daß die theologischen Facultäten ganz abgekommen sind von der Kirche, ist

---

[163] ChS., S. 306.
[164] ChS., S. 242.

gar nicht zu begreifen."[165] Grundsätzlich gilt also, dass Kirche und Staat zu trennen sind, wie es Schleiermacher schon in den „Reden" eindringlich gefordert hatte. An dieser Trennung hat Schleiermacher sein Leben lang festgehalten. „Das regierende Princip in ihm [dem Staat] kann kein anderes sein, als die richtige Einsicht in das Verhältniß aller menschlichen Functionen zur gesamten Natur. In der christlichen Kirche dagegen kann das regierende Princip kein anderes sein, als der von Christo ausgehende und allgemeinen in ihr verbreitete heilige Geist. Der Christ im Staate kann also kein regierendes Princip wünschen, als jenes; der Bürger in der Kirche kein anderes als dieses."[166]

Die radikale Trennung, wie wir sie in den „Reden" finden, ist jedoch nicht mehr vorhanden Schleiermacher erkennt die Existenz von Landeskirchen an, worin sich „eine gewisse Unterordnung der kirchlichen Gemeinschaft unter die bürgerliche"[167] zeigt, selbst wenn der Kirche die politischen Grenzen eigentlich gleichgültig sind.

Die Spannung, die in diesen Ausführungen liegt, ist nicht zu verkennen. Sie tritt immer dann ein, wenn ein Gegensatz, wie hier der von Staat und Kirche, real ist, aber doch keine absolute Trennung bedeutet.

II. Die Erscheinung der Kirche

1. Die Trennungen und Spaltungen in der Kirche

Wenn man die Kirche im Gegensatz zur Welt betrachtet, muss man sie als Einheit sehen; betrachtet man sie jedoch im Zusammensein mit der Welt, d.h. als sichtbare Erscheinung, so tritt sie in vielfachen Gruppierungen auf, angefangen bei der kleinsten Einheit, der Ortsgemeinde,

---

[165] ChS., S. 471.
[166] ChS., S. 335.
[167] ChS., S. 569.

über die Landes- und Volkskirchen bis zu den großen Konfessionskirchen.

Die kleinste Einheit ist die „christliche Gemeinde im engeren Sinne, bestehend aus denen, die habituell zur religiösen Darstellung zusammenkommen“[168]. Die Sittlichkeit des Ganzen hängt von der Größe der Gemeinde ab. Sie darf weder zu groß noch zu klein sein. Nur dann ist der lebendige Zusammenhang aller Glieder gewährleistet und die Neigung zur losen Form des Privatgottesdienstes abgewehrt. Schleiermacher erreicht mit dieser Bestimmung, dass die Ortsgemeinde ein Abbild der allumfassenden absoluten Gemeinschaft aller Christen ist und dass sie selbst, wenn auch in eingeschränkter Form, Kirche darstellt.

Zwischen die beiden Grenzpunkte der wahren Kirche und der Ortsgemeinde treten Mittelglieder ein, die teils in mehr äußerlichen, teils in mehr innerlichen Gründen ihre Ursache haben; „das äußere ist die Trennung durch Sprache und durch Kunstgeschmakk[169]“. Die katholische Kirche versucht diese Trennung dadurch zu umgehen, dass sie eine einheitliche Sprache und eine einheitliche Symbolik schafft. Die äußere Einheitlichkeit geht aber zulasten der lebendigen Teilnahme der Einzelnen im Gottesdienst. Die protestantische Kirche zieht dagegen die innere Redlichkeit der äußerlichen Geschlossenheit vor. Sie vertritt den Grundsatz, „daß jede Landeskirche und jede Volkskirche ein ganzes für sich bilden“[170]. In gewissem Sinne ordnet sie sich damit den politischen Gegebenheiten unter. Diese betreffen aber nur die äußere Existenz, nicht das Wesen der jeweiligen Landes- und Volkskirche. Die inneren Gründe zur Entstehung von Mittelgliedern betreffen die Individualisierung des Gefühls. Unter diesem Aspekt behandelt Schleiermacher das Problem der Partialkirchen.

---

[168] ChS., S. 566.
[169] ChS., Beil. S. 155, § 30.
[170] ChS., S. 569.

Im Begriff der Partialkirche ist ein Doppeltes ausgesagt. Eine Partialkirche verkörpert nur einen Teil des Ganzen, da der Geist in ihr nicht in vollkommener, allgemeingültiger Weise in Erscheinung tritt. Dennoch darf diese Kirche nicht einfach aufgehoben werden, da sie immerhin Anteil am Geist hat, wie er in der eigenen wahren Kirche zum Ausdruck kommt.

Die Teilungen können auf ganz sittliche Weise nach Analogie eines Naturgesetzes entstehen, ohne dass sie jemand willkürlich herbeigeführt hätte. Der Hinweis auf das Naturgesetz bestärkt die Hoffnung, dass eines Tages alle individuellen Formen wieder in der Einheit aufgehen werden. „Denn das individuelle ist nicht ewig, sondern es kann vergehen, wie es entsteht.“[171] Der Antrieb auf dem Wege zur Vollendung der Kirche, von der Schleiermacher im dritten Hauptstück der Ekklesiologie seiner Glaubenslehre spricht, ist der Heilige Geist. Solange dem Geist noch irgendein Widerstand von Seiten der Welt entgegengesetzt wird, liegt die Kirche im Streit mit der Welt, gegen deren übermäßige Ansprüche sie sich zu verteidigen hat. Erst wenn das Christentum sich über die ganze Erde verbreitet hat, d.h. nach der „Christlichen Sitte“, wenn die äußere Sphäre vollkommen in die innere integriert ist, wenn die innere Sphäre sich über die äußere verbreitet hat, so dass alles zum Organismus für den einen göttlichen Geist geworden ist, dann wird die Kirche triumphieren, „weil dann, was in diesem Sinne Welt war, ganz in sie verschlungen und nicht mehr als ihr Gegensatz da ist“[172].

Doch vor erst teilt sich noch das christliche Prinzip in individuelle Verschiedenheiten, die aber niemals so sehr ausgeprägt werden dürfen, dass sie die Einheit der Kirchengemeinde in der Darstellung und die absolute Gemeinschaft aller Christen aufheben. Ersteres bezieht sich mehr

---

[171] ChS., S. 573.

[172] ChG., Bd. II, S. 409, § 157,1.

auf das Individuelle in der eigenen Persönlichkeit, Letzteres auf das Individuelle einer besonderen Gemeinschaft der Darstellung. Die übermäßige Betonung in beiden Fällen wird als „geistlicher Hochmut“[173] verurteilt. „Darum ist ... nichts christlicher, als die Tendenz, mit allen Christen in Gemeinschaft zu treten.“[174] Die Tendenz beruht auf den beiden Lehren des Christentums: Durch Christus sind wir alle erlöst. Der göttliche Geist ist in allen Gläubigen derselbe.

2. Das Verhältnis zwischen Protestantismus und Katholizismus

Von allen individuellen Ausformungen des christlichen Prinzips behandelt Schleiermacher den Gegensatz von Protestantismus und Katholizismus am ausführlichsten. Dass Schleiermacher eine protestantische Sittenlehre schreiben will, ergibt sich gerade aus der ständigen Bezugnahme auf diesen Gegensatz. Der Ansicht der katholischen Kirche, sie allein verkörpere das christliche Prinzip und folglich sei alles von ihr abweichende häretisch, will Schleiermacher nicht so gegenübertreten, dass er nun seinerseits die katholische Kirche für häretisch erklärt. Schleiermacher beharrt darauf, „daß die katholische Kirche keine Häresis ist“[175]. Sie ist auch nicht „ganz und gar nichts als Corruption“[176]. Sie ist wie jede Kirche „eine eigenthümliche Gestaltung des christlichen Geistes“[177]. Wenn Sie alle Missbräuche und Irrtümer abgelegt hat, wenn alle Korruption in ihr verschwunden sind, dann wird ihr eigentümliches Wesen klar zu Tage treten, und dieses wird nicht mit dem protestantischen Prinzip zusammenfallen. Was ist aber nun das Eigentümliche der katholischen

[173] ChS., S. 574.
[174] ChS., S. 427.
[175] ChS., S. 410.
[176] ChS., S. 407.
[177] ChS., S. 64 Anm.

Kirche? Was macht das Wesen dieser besonderen Individuation des Geistes aus?

Der § 24 der Glaubenslehre bestimmt den Gegensatz zwischen Protestantismus und Katholizismus vorläufig so, „daß ersterer das Verhältnis des Einzelnen zur Kirche abhängig macht von seinem Verhältnis zu Christo, das letztere aber umgekehrt das Verhältnis des Einzelnen zu Christo abhängig von seinem Verhältnis zur Kirche“[178]. Die Unterscheidung ist wirklich nur vorläufig, denn da für Schleiermacher Christus und die Kirche auf einer Stufe stehen, der Einzelne aber Christus nur finden kann, wenn er der Kirche angehört, ist der Gegensatz als solcher aufgehoben.

Eine andere Bestimmung des Gegensatzes lautet so, dass die Reformation die den germanischen Völkern „eigentlich angemessene Form des Christenthums“[179] sei, während der Katholizismus den romanischen Völkern zukomme. Dabei ist nicht klar ersichtlich, ob der Unterschied mehr in irdischen Gegebenheiten, in biologischen und volksmäßigen Differenzen zu suchen ist, oder ob er vielmehr im christlichen Geist selber liegt.

Mit der Unterscheidung von Romanen und Germanen ist auch eine Differenz der Darstellungsmittel im Gottesdienst gesetzt. Die katholische Kirche zeigt freilich eine große Annäherung an eine sinnliche Darstellung mit äußerer Prachtentfaltung, worin sie sich an das Heidentum und Judentum anschließt, während die protestantische Kirche das Hauptgewicht auf die sprachlichen Darstellungsmittel legt.

Ein weiterer Differenzierungspunkt ist das Verhältnis von Klerus und Laien. „Den Laien schreibt sie [die katholische Kirche] im Verhältnisse zum Klerus nur eine Passivität zu, alles verbreitenden und darstellende

[178] ChG., Bd. I, S. 137, § 24 Leitsatz.
[179] ChS., S. 139.

Handeln, alle Spontaneität der Kirche sezt sie nur im Klerus."[180] Diese Auffassung entspricht nicht dem Wesen des Christentums, das die grundsätzliche Gleichheit aller Gläubigen fordert. Wenn Schleiermacher sagt, „daß diese Konstruktion der christlichen Kirche auch schon die eigenthümlich protestantische"[181] sei, so gerät er in einen Widerspruch. Gleichheit und Ungleichheit der Gläubigen können nicht in demselben Maße Anspruch auf Wahrheit erheben. Die Wahrheitsfrage lässt sich nicht vom Individuationsprinzip aus lösen. Sie wird so dringlich, dass Schleiermacher an vielen Stellen ein zuvor als legitim angesehenes Wesensmerkmal der katholischen Kirche als Irrlehre bezeichnen muss. Es ist doch nicht so, dass die katholische Kirche nach Beseitigung aller Korruptionen als eine eigentümliche Individuation in Erscheinung treten müsste. Das Suchen nach Objektivität verleitet Schleiermacher, kontroverse Lehren seinem „Prinzip der Mitte" zuliebe zu entschärfen, wie schon die Auffassung vom Verhältnis des einzelnen zu Christus und der Kirche im § 24 der Glaubenslehre zeigte. Jørgensen hat darüber hinaus eine Annäherung Schleiermachers an die katholische Geschichtsauffassung festgestellt: „Der Unterschied ist nicht so groß zwischen der katholischen Auffassung, welche die allmählich fixierte Tradition zur weiteren Gottesoffenbarung außerhalb des von der Schrift Bezeugten macht, und Schleiermachers Auffassung, welche die Geschichte überhaupt die Entwicklung der Gottesoffenbarung sein lässt. Es kann höchstens ein Unterschied darin bestehen, dass bei den Katholiken gewisse Momente in der Geschichte für sakrosankt erklärt werden, was ständig geschieht, während für Schleiermacher der ganzen Geschichte als Totalität der Charakter der göttlichen Offenbarung zuerkannt wird."[182] Und schließlich muss man auch der Auffassung Lambinets zustimmen: „Der reformatori-

---

180 ChS., S. 106.
181 ChS., S. 519.
182 ChS., S. 409.

sche Standpunkt ist bei Schleiermacher merkwürdig neutralisiert, ihm gehört nicht die Leidenschaft seines Denkens."[183] Für Schleiermacher war die Reformation kein radikaler Bruch, kein Zurückgehen auf den Ursprung, sondern ein Glied im geschichtlichen Entwicklungsprozess. Die Keime der Reformation waren schon lange vor dem Hervortreten derselben vorhanden. Das und betonte Vorbringen des protestantischen Selbstverständnisses hing damit zusammen, dass Schleiermacher von jedem Christen ein zweifaches Interesse fordert, „das an der Einheit der Kirche und das an seiner Partialkirche"[184]. Wird nur eine Richtung betont, so ergibt sich mit Sicherheit eine Abweichung vom rechten Christentum. Übermäßiges Interesse an der Einheit, dass die Eigenheiten der Konfession ganz aus dem Blickfeld verschwinden, führt zum Indifferentismus gegen das Christentum selbst, zu dessen Wesen die verschiedenen Formationen gehören.

Wird dagegen nur die eigene Konfession gesehen, so sinkt das Christentum in den Sektengeist ab. Das Beharren auf der eigenen Konfession bei gleichzeitiger Anerkennung der anderen Konfessionen, das hat Schleiermacher sein Leben lang bewährt, gerade auch in Bezug auf den Gegensatz zwischen Lutheranern und Reformierten.

183 L. Lambinet: Das Wesen des katholisch-protestantischen Gegensatzes. 1946. S. 64.
184 ChS., S. 409.

III. Schleiermachers Kirchenlehre im Zusammenhang der Theologiegeschichte

1. Die Einflüsse

Die protestantische Theologie im Zeitalter Schleiermachers war eine Theologie des Übergangs. Noch standen verschiedene theologische Richtungen nebeneinander, die sich hauptsächlich an der Frage nach dem Verhältnis von Offenbarung und Vernunft orientierten. Je nachdem auf welche Seite sie den Schwerpunkt legten, konnte man sie zum Supranaturalismus oder Rationalismus zählen.

Der Supranaturalismus verstand unter der Kirche eine von Christus selbst gestiftete übernatürliche Gnaden- und Heilsanstalt. Sie hatte das Ziel, die Seele mittels übernatürlicher Kräfte, die an Wort, Sakrament und Amt gebunden waren, vom innerweltlichen Dasein zu erlösen. Die Kirche war die Fortsetzung des Erlösungswerkes Christi im Irdischen.

Für den Rationalismus war die Kirche unter Zugrundelegung der Naturrechtlehre von Sozialvertrag eine Gemeinschaft religiös Gleichgesinnter. Die orthodoxe Gläubigkeit wurde durch eine religiös gefärbte Weltanschauung ersetzt. Die Kräfte zum sittlichen Handeln entstanden aus der rein natürlichen Auffassung des Sittlichen.

Trotz heftigen Kampfes waren Supranaturalismus und Rationalismus nahe verwandt, beide waren Kinder der Aufklärung, nur dass die eine Richtung konservativ, die andere kritisch gesinnt war. Einig waren sich beide in der Verurteilung des konfessionellen Haders, so dass die Union, die 1817 in Preußen durchgeführt wurde, auf keinen nennenswerten Widerstand stieß, vielmehr überall freudig begrüßt wurde.

Dennoch gab es neben der Aufklärung gewisse Unterströmungen, so den Pietismus, der gegen Ende des 18. Jahrhunderts wieder mächtiger wurde und zusammen mit dem deutschen Idealismus eine religiöse Erneuerung herbeiführte, die nach 1814 mehr und mehr reaktionäre Formen annahm und zur streitbaren Orthodoxie mit ihren konfessionellen Ausprägungen zurückführte. Da Schleiermacher die entscheidenden Jugendjahre im geistigen Klima des Pietismus verlebt hat, soll hier noch kurz auf die Stellung des Pietismus zur Kirche eingegangen werden.

Hatte der Pietismus im Anfang noch Verbindungen zum Landeskirchentum gewahrt, so gewann er mit der Zeit immer größeren Abstand von ihm und zog sich auf religiöse Gesinnungsgemeinschaften, sogenannte Konventikel, zurück. Solche Konventikel waren etwa die „collegia pietatis“, die Spener seit 1670 in Frankfurt a. G. abhielt, und die „collegia biblica“ Franckes an der Leipziger Universität. In seinen radikalen Formen ging der Pietismus in enthusiastische, separatistische und sektiererische Gemeinschaften auf. Einen Ansatz dazu bot der Spener'sche Gedanke, die bekehrten Christen einer jeden Gemeinschaft in einer „ecclesia in ecclesia“ zu sammeln. Zinzendorf versuchte dieses Vorhaben in der Kolonie Herrnhut zu verwirklichen. Die „erneuerte Brüderunität“ wollte eine „ecclesiola“ der „erweckten“ sein, ein religiöses Zentrum zur Erneuerung der Christenheit, sie war aber in Wirklichkeit die Bildung einer eigenständigen Kirche.

Unter Ablehnung und Aufnahme der an drei Punkten gezeigten Tradition und unter Hinzufügung eigener Gedanken entwickelt Schleiermacher seinen Kirchenbegriff. Er lehnt den supranaturalen Anstaltsbegriff ab und gründet die Gemeinschaft auf das freie Mitteilungs- und Darstellungsbedürfnis der Individuen. Damit näherte er sich dem Rationalismus, der genau wie Schleiermacher in seiner philosophischen Ethik für die Gleichheit der Gemeinschaften eintritt. Am Rationalismus lehnt Schleiermacher den Gedanken der Vereinskirche ab. Die Kirche ist kein Verein zur moralisch sittlichen Vervollkommnung, sondern eine Gemeinschaft der religiösen Anschauung. Während die ethische Anschauung, d.h. die Selbstanschauung und die Weltbetrachtung, rein innerweltlich verstanden werden muss, reichen die religiöse Anschauung, d.h. die Wahrnehmung des Unendlichen, und die sich darauf gründende Gemeinschaft in andere Dimensionen, so dass Schleiermacher wieder von einer Stiftung der Kirche sprechen kann und damit dem orthodoxen Kirchenbegriff nahekommt.

Die starke Betonung der Gemeinschaft aller Christen widerspricht der Hervorhebung des Individuums in pietistischen Kreisen, aber wenn Schleiermacher den einzelnen zur lebendigen Mitarbeit am ganzen führen will, wenn er die persönliche Bewährung von ihm fordert, merkt man ihm seine herrnhutische Erziehung an.

In dieser von Schleiermacher entworfenen Kirche wirken Tradition und Fortschritt, Individuum und Gemeinschaft, Freiheit und Gebundenheit organisch zusammen. „Auf der Voraussetzung des religiösen Individualismus aufgebaut, betont er dennoch das unbedingte Ineinandersein von Individuum und Gemeinschaft, d.h. einen unzertrennlichen Lebenszusammenhang für alle Träger der Religion, und bewahrt damit gleichzeitig den Grundsatz der Einheit und Universalität der Kirche. So gründete er die Kirche auf die Individuen und lässt sie dennoch wieder diese Individuen erzeugen: alles Supranatural=Wunderhafte ist ihr genommen; sie wird zwar aus rein innerweltlichen Motiven hergeleitet und dennoch wieder, auf die Tätigkeit des Unendlichen bezogen, zu einer Stiftung des göttlichen Universums; sie wird zu einer Gemeinschaft unter anderen Gemeinschaften, und dennoch gebührt ihr eine besondere Stellung unter diesen; sie ist keine moralische Erziehungsanstalt mehr, und dennoch kann sie nicht existieren ohne eine hohe Moral; auch schafft sie nicht eigentlich Religion, aber sie entsteht in der Religion und unterhält den religiösen Prozess innerhalb der Individuen."[185]

2. Die Auswirkungen

Eine solche die Gegensätze vereinende Ekklesiologie birgt immer die Gefahr in sich, einseitig aufgefasst zu werden, je nachdem ob man das eine oder das andere Element stärker betont.

Schleiermacher hat in seiner Theologie den Kirchengedanken so sehr in den Vordergrund gestellt, dass sich eine ganze Reihe ausgesprochener Kirchentheologen auf ihn berufen kann. Da sind einmal die Schüler zu nennen, die die „Schleiermacher'sche Rechte" bilden und die alle ein kirchliches Christentum vertreten, ohne ihren Meister an kritischer Verstandesschärfe zu erreichen: August Twesten, Friedrich Lücke, Friedrich Bleek und Karl Immanuel Nitzsch. Zum andern hat Schleiermacher auch die Vertreter der neulutherischen Orthodoxie maßgeblich beeinflusst, wenn auch Ihr Konfessionalismus gar nicht in seinem Sinne lag. Aber wenn man einzelne Punkte seines Systems hervorhob, zum Beispiel die Vorordnung der Gemeinschaft gegenüber den Individuen, die Trennung von Staat und Kirche, die kirchliche Autorität, – so konnte das schon zu einer Steigerung des Kirchengedankens führen im Sinne hochkirchlicher Bestrebungen. Wie sehr in den 40er und 50er Jahren des 19. Jh.s das kirchliche Denken im Vordergrund stand, kann man an dem damals erschienenen Schrifttum ablesen.

Aber auch die entgegengesetzte Bewegung, die Entkirchlichung des Christentums, ist in Schleiermachers „Christlicher Sitte" angelegt. Die Kirche ist nach Schleiermacher keine exklusive, abgeschlossene, nur

[185] C. Herpel: Das Wesen der Kirche nach den Voraussetzungen und Grundsätzen des jungen Schleiermachers. 1915. S. 87.

dem Eingeweihten zugängliche Gemeinschaft, sondern sie ist dazu berufen, sich über die ganze Erde zu verbreiten, ja sie tritt in nahe Beziehung zur Welt. Kein Wort davon, dass die Kirche Fremdling in der Welt sein müsse. Wie sollte sie das auch, da doch Kirche und Welt von demselben Prinzip beherrscht sind, vom Geist. Darin ist die grundsätzliche Übereinstimmung der beiden Sphären ausgedrückt. Die Welt wird der Kirche hilfreich zur Seite stehen, und die Kirche wird das irdische Geschehen zu ihrem eigenen machen, indem sie es in ihrem Sinne modifiziert. Der Staat ist endlich, er wird vergehen. Am Ende wird alles Kirche sein.

In dem Maße aber, wie sich die Kirche der Welt bemächtigt, ist auch der Einfluss der Welt auf die Kirche gegeben, so dass auch Richard Rothe, für den der Weg zur Kirche mit der Auflösung in die Welt hinein endet, von Schleiermacher beeinflusst ist, selbst wenn er anscheinend die entgegengesetzte Position vertritt.

Abschluss: Kirche und Kultur

Die sittliche Welt ist nur eine. Christliche und humane Ethik können sich nicht gegenseitig ausschließen, denn damit würden wir in einen unauflöslichen Widerspruch geraten. Beide sind natürlich nicht ein und dasselbe, aber grundsätzlich ist ihr Verhältnis zueinander von der Art, dass die christliche die humane Ethik in sich aufnimmt, umschließt und gleichzeitig überhöht. Die überhöhende Aneignung und Modifizierung liegt darin, dass bestimmte ethische Beziehungen, obwohl sie allgemein verbindlich sind, erst vom Christentum in ihrer eigentlichen Bedeutung erschlossen werden können, so etwa die Idee des Völkerrechts unter Monogamie.

Das christliche Prinzip soll wie ein roter Faden alle menschlichen Verhältnisse durchziehen. Für den Christen gibt es nichts, für das er nicht verantwortlich wäre. Auch die Kultur als das Reich der bedingten Formen ist unter den Anspruch des Unbedingten gestellt. Deshalb wird Schleiermachers „Christliche Sitte", überhaupt seine ganze Theologie, als Kulturtheologie bezeichnet.

„Seine Theologie ist von Haus aus, sie ist in ihrem innersten Heiligtum Kulturtheologie: es geht in der Religion selber, die der eigentliche Gegenstand dieser Theologie ist, um Lebenserhöhung im umfassendsten Sinn, Erhöhung, Entfaltung, Verklärung, Veredelung des individuellen und sozialen Menschenlebens."[186] Der Christ steht in der Welt, und aus dieser Stellung erwachsen ihm „Aufforderungen zur Tätigkeit für das Reich Gottes"[187]. Der Begriff des Reiches Gottes ist so umfassend, dass der Kulturprozess, wie ihn die philosophische Ethik als die zunehmende Einigung von Vernunft und Natur, als die immer mehr sich ausweitende

---

[186] K. Barth, a. a. O., S. 387f.

[187] ChG., Bd. II, S. 203, § 112,4.

Herrschaft des Menschen über die Erde versteht, mit darunter begriffen wird. Im Endeffekt kann das Menschsein nur im Christsein enden. Da im Augenblick noch beide auseinander treten, entsteht der christlichen Sittenlehre die Aufgabe, die Welt als die gute immer mehr zur Anerkennung zu bringen, und der ursprünglich der Weltordnung zum Grunde liegenden göttlichen Idee gemäß alles dem göttlichen Geist als Organ anzubilden ... Daher denn die Welt nur insofern als vollkommene Offenbarung der göttlichen Weisheit gefasst werden kann, als der Heilige Geist von der christlichen Kirche aus sich als die letzte weltbildende Kraft geltend macht."[188]

Schleiermacher ist von unendlichem Vertrauen zum Dasein erfüllt. Es ist erstaunlich, welche Erfolge er dem kirchlichen Leben für die Zukunft voraus sagt:

1. Die Kirche wird einen größeren Einfluss auf die Eheschließungen gewinnen. Dann wird sie es auch dazu bringen, „die Ehescheidungen immer seltener zu machen und das eheliche Leben dem rein und echt christlichen immer mehr anzunähern"[189].
2. Mit der Christianisierung der Staaten wird das Bewusstsein wachsen, die Todesstrafe als etwas Überflüssiges und Unnützes, vor allem Unsittliches aufzuheben.
3. Für den heutigen Menschen schwer verständlich ist die Zuversicht, dass mit zunehmender Perfektionierung der Waffen der Krieg „sittlicher" und die Kriegführung „edler"[190] werde. „Freilich aber wird der Krieg nur dadurch christianisiert, dass das Fechten einzelner gegen einzelne ganz aufhört. Viel ist darin schon geschehen und hat darin die neue Art Krieg zu führen viel vor der alten voraus."[191]

---

[188] ChG., Bd. II, S. 457, § 169,3.
[189] ChS., S. 352.
[190] ChS., S. 281.
[191] ChS., Beil. S. 127, § 13.

Es ist viel gegen diesen Fortschrittsoptimismus eingewendet worden, und zum Teil mit Recht. Schleiermacher sah das Geheimnis Gottes „nicht von der strengen Verantwortlichkeit aus, in der wir vor Gott stehen. Dadurch entgingen seinem Blick auch die Tatsachen der Fragwürdigkeit und Zerrissenheit menschlichen Daseins. Er lebte aus der Hintergründigkeit des geschichtlichen Prozesses, seine Abgründigkeit und dämonische Verstricktheit erkannte er nicht“[192]. Jørgensen nennt Schleiermachers Ethik „ unproblematisch und unrealistisch“[193]. Iwand fragt: „Wo bleibt der Widerspruch und die Antinomie, wo bleiben die Tränen und der Tod, wo das Leid und das Unrecht, das keinen Tröster findet, wo bleibt jener Schrei von Röm. 7: ‚o ich elender Mensch, wer wird mich erlösen von diesem Todesleibe?‘“[194] Doch gibt er auch gleich die Antwort: Schleiermachers Schaffen stehe unter dem Wort der Dankbarkeit dafür, dass Mensch und Welt versöhnt seien, weil Gott und Mensch versöhnt seien in Christus.

Schleiermacher vertritt keinen blinden Optimismus, der die Augen vor der Wirklichkeit verschließt. Er hat zum Teil die Bedrohungen geahnt, die dem Menschen aus der technischen Revolution erwachsen könnten, zum Beispiel die Versklavung des Menschen durch die Maschine. Selbst wenn Schleiermacher an einigen Stellen des Guten zu viel getan hat, so strahlt doch seine „Christliche Sitte“ eine große Ruhe und Zuversicht aus. Sein Optimismus besitzt die Kraft, die Zukunft für sich zu beanspruchen, die Kraft, die darum weiß, dass wir auch schon an der neuen Schöpfung teilhaben, selbst wenn wir noch in der alten leben.

„Die Machtstellung der Religion im Gefüge der Kultur, der Einfluss zumal des Christentums auf die Gesittung und Gesinnung der Menschheit, ist selten so wirksam dargestellt worden, wie in Schleiermachers Christli-

---

[192] G. Heinzelmann: Schleiermachers Lehre von der Kirche. 1934. S. 35.
[193] P. H. Jørgensen, a. a. O., S. 141.
[194] H.-J. Iwand: Schleiermacher als Ethiker. – In: Evangelische Theologie. 1951/52. S. 63.

cher Sitte, den entsprechenden Abschnitten der philosophischen Ethik und nicht zuletzt im zweiten Teil der Glaubenslehre. Es geht ein Gefühl von Lebenserhöhung durch diese Schilderungen hindurch, das keine Grenzen zu kennen scheint und sich nach allen Seiten ins Unendliche ausdehnt. Es ist in diesen Bildern ein Glanz und eine Helligkeit, eine Kraft der Farbe und eine Tiefe der Auffassung, dass das Verlangen, an dieser Fülle teilzunehmen, sich ganz von selbst erzeugen muss."[195]

[195] H. Scholz: Christentum und Wissenschaft in Schleiermachers Glaubenslehre. 1909. S. 183.

Anhang 1
Die Stellung der Kirche in der Güterlehre der philosophischen Ethik

		Organisierendes, anbildendes Handeln	Symbolisierendes, bezeichnendes Handeln
Identische Form, Gleichheit	Ergebnis	Gemeinschaftlicher Gebrauch oder Verkehr	Denken und Sprechen
	Gebiet	Erde	Bewusstsein des menschlichen Geschlechts
	Verhältnis	Recht	Glauben
	Ethische Form	Staat	Gemeinschaft des Wissens
	Soziologische Form	Obrigkeit - Untertan	Gelehrte - Publikum
Individuelle Form, Verschiedenheit	Ergebnis	Unübertragbarkeit oder Eigentum	Erregung und Gefühl
	Gebiet	Leib	Selbstbewusstsein
	Verhältnis	Geselligkeit	Offenbarung
	Ethische Form	Freie Geselligkeit	Kirche
	Soziologische Form	Wirt - Gast	Klerus - Laien

Anhang 2
Die Stellung der Kirche in der christlichen Sittenlehre

Impulse des Handelns (subjektiv) | Bereiche des Handelns (objektiv)

	Innere Sphäre	Äußere Sphäre
Reinigendes oder wiederherstellendes Handeln	A. Kirchenzucht B. Kirchenverbesserung (reformatorisches Handeln)	A. Hauszucht B. Reinigendes Handeln im Staate (Strafgerichtsbarkeit, Staatsverbesserung, Krieg)
Verbreitendes oder erweiterndes Handeln	A. Geschlechtsgemeinschaft B. Kirchengemeinschaft (Mission und Kindererziehung)	Verbreitendes Handeln im Staate (Talentbildung in Schulen und Universitäten, Wissenschaft, Kultur)
Darstellendes Handeln	A. Gottesdienst im engeren Sinne B. Gottesdienst im weiteren Sinne	Gesellige Darstellung

Anhang 3
Die Stellung der Kirche in der Glaubenslehre

Erster Teil. Entwicklung des frommen Selbstbewusstseins, wie es in jeder christlich frommen Gemütserregung immer schon vorausgesetzt wird, aber auch immer mit enthalten ist. Einl. 32ff. (Paragraphenzählung der 2. Auflage)

Gott	Frommes Selbstbewusstsein	Welt
50f. Einl. 52 Ewigkeit 53 Allgegenwart 54 Allmacht 55 Allwissenheit 56 Anhang	36ff. Einl. 40f. Schöpfung 42f. 1. Anhang 44f. 2. Anhang 46ff. Erhaltung	57f. Einl. 59 ursprüngliche Vollkommenheit der Welt 60f. ursprüngliche Vollkommenheit des Menschen

Zweiter Teil. Entwicklung der Tatsachen des frommen Selbstbewusstseins, wie sie durch den Gegensatz bestimmt sind. Einl. 62ff.

Des Gegensatzes erste Seite. Entwicklung des Bewusstseins der Sünde. Einl. 65

79ff. Einl. 83 Heiligkeit 84 Gerechtigkeit 85 Anhang	66ff. Einl. 70ff. Erbsünde 73f. wirkliche Sünde	75 Einl. 76f. Übel 78 Zusatz

Des Gegensatzes andere Seite. Entwicklung des Bewusstseins der Gnade. Einl. 86ff.

164f. Einl. 166f. Liebe 168f. Weisheit 170ff. Anhang (Von der göttlichen Dreiheit)	91 Einl. 1.Christus 92 Einl. 93ff. Person 100ff. Geschäft 2. Ausdruck der Gemeinschaft in der einzelnen Seele 106 Einl. 107ff. Wiedergeburt 110ff. Heiligung	113f. Einl. 1. Entstehen der Kirche 117ff. Erwählung 121ff. Heiliger Geist 2. Bestehen der Kirche 126 Einl. a) Das Unveränderliche 127 Einl. 128ff. Heilige Schrift 133ff. Dienst am Wort 136ff. Taufe 139ff. Abendmahl 143 Anhang 144f. Amt der Schlüssel 146f. Gebet b) das Wandelbare 148f. Einl. 150ff. Mehrheit - Einheit 153ff. Irrtumsfähigkeit – Untrüglichkeit 156 Zusatz 3. Vollendung der Kirche 157ff. Einl. 160 Wiederkunft 161 Auferstehung 162 jüngstes Gericht 163 ewige Seligkeit

Anhang 4
Der Zusammenhang zwischen den Tätigkeiten Christi und den Handlungen der Kirche

Individuelle Grundform	identische Nebenform	
	Abbild	Fortsetzung
Prophetisches Amt § 103	Heilige Schrift §§ 128-132	Dienst am Wort §§ 133-135
Hohepriesterliches Amt § 104	Taufe §§ 136-138	Abendmahl §§ 139-143
Königliches Amt § 105	Gebet §§ 146-147	Amt der Schlüssel §§ 144-145

Literaturverzeichnis der Quellen

1. Schleiermacher, Friedrich Ernst Daniel: Sämtliche Werke in drei Abteilungen. I. Abt., Bd. 1-13, Zur Theologie. II. Abt., Bd. 1-10, Predigten. III. Abt., Bd. 1-9, Zur Philosophie und vermischte Schriften. – Berlin: Reimer 1835ff.

2. Über die Religion. Reden an die Gebildeten unter ihren Verächtern. Hrsg. Von Hans-Joachim Rothert. – Hamburg: Meiner 1958. (Philosophische Bibliothek, Bd. 255)

3. Kurze Darstellung des theologischen Studiums. Erste Auflage 1811. Zweite Auflage 1830. Kritische Ausgabe mit Einleitung und Register von Heinrich Scholz. – Leipzig: Deichert 1910. (Quellenschriften zur Geschichte des Protestantismus. Hrsg. Von Carl Stange. H. 10)

4. Der christliche Glaube nach den Grundsätzen der Evangelischen Kirche im Zusammenhang dargestellt. Siebente Auflage. Auf Grund der zweiten Auflage und kritischer Prüfung des Textes neu herausgegeben und mit Einleitung, Erläuterungen und Register versehen von Martin Redeker. 2 Bde. – Berlin: de Gruyter 1960.

5. Grundriss der philosophischen Ethik (Grundlinien der Sittenlehre). Hrsg. 1841 von August Twesten. Neuer Abdruck, besorgt von Friedrich Martin Schiele. – Leipzig: Meiner 1911 (Philosophische Bibliothek, Bd. 85)

6. Pädagogische Schriften. Unter Mitwirkung von Theodor Schulze herausgegeben von Erich Weniger. 2 Bde. – Düsseldorf, München: Küpper vormals Bendi 1957.

7. Briefe. Ausgewählt und eingeleitet von Hermann Mulert. – Berlin: Propyläen-Verlag 1923.

Printed by Books on Demand GmbH, Norderstedt / Germany